JE ME RETOURNERAI SOUVENT

DU MÊME AUTEUR

LES ENFANTS DE SATURNE, Grasset, 1996.
AURORE, Grasset, 2001.
LA DERNIÈRE FEMME, Grasset, 2006.
CE QUE NOUS AVONS EU DE MEILLEUR, Grasset, 2008.
L'HYPOTHÈSE DES SENTIMENTS, Grasset, 2012.
DICTIONNAIRE AMOUREUX DE MARCEL PROUST, Grasset-Plon, 2014 (en collaboration avec Raphaël Enthoven).
SAISONS DE PAPIER, I, Grasset, 2016.
CE QUI PLAISAIT À BLANCHE, Grasset, 2020.
LES RAISONS DU CŒUR, Grasset, 2021.
LIGNES DE VIE, Grasset, 2022.
SI LE SOLEIL S'EN SOUVIENT, Grasset, 2024.

JEAN-PAUL ENTHOVEN

JE ME RETOURNERAI SOUVENT

Reconnaissances de dettes, tranches de vie et autres fantaisies

BERNARD GRASSET
PARIS

Photo de bande : © JF Paga

ISBN 978-2-246-83596-7

Pour Pierre Nora

« We few, we happy few, we band of brothers »

Shakespeare, *Henry V*, IV, 3

I.

– Le refuge –
– Traces, preuves –
– Voisin fantôme –
– Harem et téléphone –
– Diderot, Marcel et Cie –
– Aucun vivant dans cette marqueterie… –
– État civil –

II.

– Le néant, si possible –
– Editore, traditore –
– Brève conversation avec Borges –
– L'agité d'outre-tombe –
– Rêve-Proust-Mauriac –
– La Bien-Aimée –
– Écrivains en situation –
– Jacques Rigaut préférait ne pas –
– L'auteur en quête de personnages –

– La dernière chanson de Roland –
– « … écrit là-haut » –
– Dictionnaire –
– Inconscience de classe –
– Miette muette –
– Rêve-Paris-est-une fête –
– Style, distillation, distylation –
– Madame de… –
– Psychologie de la ponctuation –
– L'homme qui ne s'aimait pas –
– Il faudrait –
– Brno-Milan-Paris –
– Rêve avec diable –
– Écrivaines en situation –
– Journal –
– Le caméléon sur son plaid écossais –
– Le désir d'hésiter –
– Politique –
– Rêve-cyprès –
– La vigilance des passions éteintes –
– Plan de carrière –
– Coctien ? Coctalien ? –
– Souvenir d'en France –
– … aussi ennuyeuse que la vie –
– Le rabbin Voltaire –
– La corne et le couteau –
– Ligne, encore –
– La visite –
– Les coqs de Key West –
– Dix questions –

III.

I.

Le refuge

Que je sois de bonne ou de mauvaise humeur, que le monde soit en repos ou en ébullition, « qu'il fasse beau, qu'il fasse laid » comme aimait à le proclamer *Le Neveu de Rameau*, j'ai l'habitude, chaque matin, de rejoindre l'appartement célibataire que je me suis aménagé dans une rue paisible de Paris. C'est dans ce refuge, barricadé de tout, que j'expérimente depuis quelques années un bonheur égoïste qui, sans désobliger quiconque, me rapproche de ce qu'il y a de plus aimable en moi.

Je n'ignore pas qu'après quelques heures de cette solitude, quand j'enfilerai à nouveau la panoplie du personnage que je suis aux yeux d'autrui, je me jetterai sans déplaisir dans diverses activités urbaines, calculeuses et inévitablement hypocrites. Je m'agiterai alors de mon mieux, je défendrai mes positions, j'argumenterai, je m'efforcerai de plaire, je ferai semblant d'être utile à mes rares convictions ou à mes intérêts. Le plus souvent, je tuerai le temps comme font la plupart, ou je me contenterai de le blesser à la faveur d'occupations dont je ne tire ni gloriole ni honte, mais qui me permettent de vivre honorablement. En attendant, pendant quelques heures, je jouis d'être moi-même dans le silence de ma rue paisible.

Le soir venu, retrouvant l'état d'esprit qui a ouvert ma journée, je m'en retourne vers les plaisirs de croisière que j'ai quittés le matin et où je goûte une autre forme de sérénité. Je suis alors heureux de retrouver ma Bien-Aimée. Elle semble heureuse de m'accueillir et de m'arracher enfin à la solitude qui me plaît, et qu'elle tient orgueilleusement pour son unique rivale.

C'est ainsi que mon existence, qui n'en exigeait pas tant, se distribue entre deux espaces. À l'un, je réserve ma vie intérieure, tout escortée de jubilations, d'introspections, de tourments ou d'emballements. À l'autre, revient ma vie du dehors, symétriquement équipée de sang-froid, de petites ruses, de réflexes, d'arrière-pensées. Cet arrangement me convient. Il m'a fallu beaucoup d'habileté pour le conquérir et m'y installer. Je serais contrarié de devoir y renoncer.

Je ne sais en vérité à qui rendre grâce de ce protocole quotidien qui m'enchante même s'il en lasserait plus d'un. À la chance ? À un mystère d'iniquité ? À l'alignement des planètes qui me gouvernent ? N'accordant aucun crédit à ces fantasmagories, et encore moins aux hautes autorités qui ont la réputation d'en être les ordonnatrices, ma gratitude va d'abord au hasard et à son long bras que j'ai toujours tenu pour la plus éminente des puissances opérant en ce monde.

Ce refuge, dont je suis devenu le chanceux locataire à la suite de péripéties dont je préfère ne rien dire, se trouve au fond d'un jardin attenant au bâtiment de style Renaissance qui abrita jadis les séjours parisiens d'Alexis de Tocqueville – qui en détaille le décor dans ses *Souvenirs* consacrés aux émeutes de 1848. Il suffit d'y pénétrer pour être propulsé hors du temps, dans une qualité de silence rompue par le seul roucoulement des pigeons et le bruissement des feuillages. À droite, à vol d'oiseau, le musée Rodin où des visiteurs généralement asiatiques se font photographier, selon leurs âges, devant *Le Penseur*, *Le Baiser* ou *La Porte de l'Enfer*. À gauche, le dôme des Invalides dont l'arrogance cossue me fait toujours penser à un casque prussien incrusté de calissons dorés à la feuille. Entre les deux, l'hôtel Matignon où le manège frénétique des importants et des ministres nommés ou démis, donne une idée assez sombre de ce que peut devenir l'existence si on l'abandonne à l'ambition ou au souci d'être un rouage provisoire de la société.

Traces, preuves

Au-dessus du porche que je dois franchir pour atteindre le jardin, une plaque très marmoréenne signale au passant que le poète René Char vécut en ces lieux de 1954 à 1978, soit bien avant que je m'y installe. Sur cette plaque, quelques mots tirés de son recueil, *La Parole en archipel* :

> « *Un poète doit laisser des traces de son passage,*
> *non des preuves.*
> *Seules les traces font rêver…* »

Chaque matin, quand je rejoins mon refuge, ces quelques mots tombent sur ma nuque comme une guillotine, et ils me guillotinent encore quand j'en ressors. Le reste du temps, je m'égare volontiers dans cette affaire de *traces* et de *preuves*, balançant des unes aux autres, sans trop savoir auxquelles revient le mérite très convenu de « faire rêver ». Il en va souvent ainsi avec Char, si apprécié par les récipiendaires d'une Légion d'honneur mais versificateur secondaire selon moi, dont les aphorismes ne perdent rien de leurs artifices quand on joue à en inverser les dominantes. D'où la demi-considération que m'a toujours inspirée ce citoyen d'honneur de L'Isle-sur-la-Sorgue, fort respectable au demeurant, dont l'estime m'aurait flatté si je l'avais connu, mais dont l'emphase illustre à peu près tout ce que je demande à la poésie de ne pas être. Autant m'émeut en lui le héros des maquis de Céreste, ce capitaine Alexandre au physique de monolithe, ainsi que le frère d'esprit d'Albert Camus, autant m'indiffère le virtuose des sonorités montées sur socle et des maximes pour fronton.

Voisin fantôme

Le vrai mérite de Char, de mon point de vue, fut pourtant de convaincre Albert Camus d'occuper pour quelques années le petit appartement qui s'était libéré deux étages au-dessus du sien, de telle sorte que l'auteur de *L'Étranger* devint à ma plus grande joie, et en me précédant, un voisin idéal par-delà le temps.

Nous étions nés sur la même rive de la Méditerranée, sous le même soleil, au cœur de la même guerre coloniale, et nous nous retrouvions autour du même jardin et dans la même rue de Paris. Ce concours de circonstances était d'autant plus improbable que, dès mon prénom qui me plaçait malgré moi sous une tutelle sartrienne, et bientôt encouragé par des maîtres progressistes qui vibraient au diapason des révolutions, des libérations nationales et des damnés de la terre, j'ai commencé par partager l'ironie de ma génération à l'endroit d'un philosophe trop sensuel pour être pris au sérieux. Acceptant enfin de voir ce que je voyais, et d'admirer qui me paraissait admirable, j'ai fini par apprendre à le lire et à le préférer à ses adversaires décidément trop indulgents avec leurs propres bévues. C'est ainsi que j'ai appris à aimer Albert Camus, sa prose éclatante, sa pensée juste, son extrême bonté, son mépris de la servitude, à partir du moment où j'ai cessé de me vouloir autre que j'étais – ce qui prit un certain nombre d'années.

Je l'imagine désormais, je le vois presque, ce voisin lumineux et fantôme qui, certains matins, rejoint comme moi son propre appartement célibataire, pose sa main sur le loquet de la porte rouge donnant sur la rue, réchauffe déjà les phrases dont il va composer un beau livre sur lequel ironiseront les agités des *Temps Modernes*, fait quelques pas dans le jardin qui mène à nos royaumes respectifs. Il fume une cigarette avec le gardien qui lui tend son courrier. Redresse sans doute le col de son imperméable en pensant peut-être à Simone de Beauvoir qui, n'étant pas insensible à son charme malgré ses allégeances, lui a toujours trouvé un petit côté Humphrey Bogart. À moins que, ce jour-là, il ne file en coup de vent chez son éditeur où un téléphonage suédois va lui apprendre qu'il a reçu le prix Nobel de littérature, ce qui n'est pas négligeable pour le fils d'une mère analphabète. Une belle femme est à son bras. La Casarès ? Sa fiancée danoise ? Son épouse ? Une admiratrice de passage ? Tout est également simple et savoureux avec ce Casanova un peu voyou des faubourgs d'Alger.

Au même instant, le poète du premier étage l'aperçoit à travers sa fenêtre et se réjouit à coup sûr de partager avec son ami le goût des ferveurs à fleur de peau. Camus et Char sont pudiques comme le sont les hommes du Sud. Ils ne se fréquentent que dans les altitudes du beau langage, ne se font que des confidences métaphysiques ou lyriques. En revanche, ils ne partagent jamais de détails sur leurs exploits amoureux. Chacun aime et séduit dans son coin, sans s'ouvrir à l'autre de ses conquêtes intimes.

Je suis heureux que la chronologie ait permis à ces deux-là d'échapper aux mœurs belliqueuses qui renvoient désormais hommes et femmes à leur rive respective, tout en ajoutant à la condition humaine quelques variantes différemment genrées. Et qu'ils aient été épargnés par les susceptibilités qui font aujourd'hui régner un climat de guerre civile parmi les sexes. Je suppose que ces deux *gentlemen* d'autrefois, par-delà leur charme, se seraient mal arrangés de la nouvelle austérité ambiante. Ou qu'ils s'en seraient moqués à leurs risques et périls.

En souvenir de leur amitié solaire, de leurs amours à l'ancienne, j'ai tout de même adressé au ministère de la Culture une lettre officielle afin qu'une seconde plaque, non moins marmoréenne, rappelle que Camus avait vécu lui aussi derrière cette façade, et qu'il y avait été heureux. Aucune réponse à ce jour.

Harem et téléphone

Pendant quelques heures, chaque matin, je reprends donc contact avec cette part de moi que la nuit a dispersée.

Je dresse les plans de plusieurs ouvrages qui ne s'écriront jamais ; je contemple les nuages dont l'ombre métallique défile sur les arbres du jardin ; je repeins tel paragraphe de mon journal afin de m'y rectifier par coquetterie ; je bavarde avec les défunts qui me sont chers et qui m'ont précédé dans le néant ; je rédige des pages qui me paraissent excellentes avant de me décevoir si je les relis.

Il m'arrive aussi de m'endormir sur le divan qui fait face à ma table de travail et qui a le pouvoir de se transformer en tapis volant à mon seul usage.

Commence alors le rituel quasi religieux sans lequel ma journée se lancerait d'un mauvais pied.

1/ Je me réjouis d'abord d'être vivant, bienveillant, plutôt innocent.

2/ Je remercie mon corps fiable tout en me purgeant l'esprit des passions tristes qui ont tenté de s'y faufiler à la faveur de quelque mauvais rêve.

3/ Je lis les journaux qui me parviennent par la poste ou sur des écrans et j'avale comme une potion leur flot de tragi-comédies en provenance du vaste cirque humain.

4/ Je trie avec méthode mes souvenirs et mes projets sans ignorer que les uns sont infidèles, les autres changeants.

5/ Je me promets enfin de faire ceci et cela au cours des semaines suivantes, ou de la journée qui s'annonce, sans m'imposer de m'obéir car je perdrais sans cela l'illusion d'être libre.

6/ Soucieux d'être à jour avec mes créanciers spirituels, je ne manque jamais de témoigner ma gratitude à mes ancêtres, à mes amis, à mes ennemis, à l'ensemble des causes ou des êtres qui m'ont fait tel que je suis.

7/ Je n'oublie pas davantage de plaindre sincèrement la plupart de mes semblables qui, ne jouissant pas des avantages qui me sont accordés, sont condamnés à survivre dans une époque âpre et injuste.

Dans ce refuge, je ne reçois personne. Aucun fâcheux, aucune amoureuse d'occasion, aucune progéniture n'en franchit la porte, sauf si une urgence l'exige, et c'est à peine si je décroche mon téléphone quand il sonne ou vibre tant je préfère ne pas trop m'éloigner de mon plain-pied de quiétude. Il ne m'est toutefois pas désagréable d'observer les infimes tremblements électriques de l'appareil quand sa mécanique entre en action. À l'autre bout de ce fil invisible, un homme ou une femme me cherche, ne me trouve pas, s'en impatiente, laisse peut-être un message sur une boîte vocale que je consulterai, ou ne consulterai pas, en buvant un café.

Si le monde était bien fait, tout individu devrait avoir droit, fût-ce brièvement, à cette tranche de temps suspendu. Si le monde était encore mieux fait, tout individu devrait, sous peine d'extrême discrédit, être condamné à méditer sur lui-même à heure fixe.

Je me dis cependant que le jour viendra, qui n'est à coup sûr pas si lointain, où l'on ne me cherchera plus. Je serai alors au rebut, obsolescent ou définitivement oublié. Je m'entraîne en conséquence à muscler ce qu'il me reste d'orgueil afin que celui-ci ne soit pas trop blessé ce jour venu. J'ai déjà connu tant de chevau-légers qui étaient de première importance avant de n'être rien, que je me suis procuré sur ces questions de vanité une sagesse à ma mesure qui n'attend que d'être mise à l'épreuve.

Je préciserai encore que, quand ce téléphone me cherche, une association d'idées me ramène inévitablement à mon cher Marcel Proust – dont l'air ahuri au sortir de ses insomnies avait fait dire à Paul Morand, son visiteur de la nuit, qu'il ressemblait à « la sonnerie d'un téléphone dans une maison vide ». Proust me traversant l'esprit, j'ouvre au hasard une page de son grand roman comme je m'acquitterais d'une prière matinale. J'ai aussitôt l'impression qu'il me parle, m'instruit, plaisante, tient à me faire sourire ou réfléchir. Nous sommes toujours du même avis. Cet accord spontané avec un esprit aussi merveilleux fait partie des meilleurs plaisirs de mes matins.

De Proust, je peux passer à Pic de la Mirandole, à Charles Péguy, à Ezra Pound, à Cesare Pavese, à Pouchkine, à une histoire des Pythagoriciens ou du tyran Pisistrate, qui sont tous ses amis d'étagère, puisque mon esprit méticuleux leur a imposé cette proximité alphabétique. Je peux aussi bien me lancer dans une autre direction, vers d'autres étagères également chargées de grandes œuvres et de trésors encore infréquentés, et ce va-et-vient fait mon bonheur. Cette bibliothèque, c'est mon harem. J'y retrouve des habitudes, des mauvaises influences, des sensations parfois inédites. J'y ai mes favorites, mes querelleuses, mes amantes délaissées, mes exigeantes. Je suis toujours ému quand une nouvelle venue, drapée d'une peau de chagrin, de simple papier ou de cuir odorant, scintille soudain et exige que je lui rende une prompte visite.

Diderot, Marcel et Cie

Sur un mur, derrière moi, j'ai accroché les quelques portraits d'écrivains qui composent depuis toujours mon panthéon égotiste. Ils m'éclairent et montent ma garde en précieuses sentinelles. C'est à eux que je confie le soin de me signaler les récifs modernes, les malentendus, les vices, les égarements toxiques, sur lesquels il est si tentant de faire naufrage. Sans leur vigilance impeccable, je me serais cent fois fracassé. Et j'ignorerais encore le peu que je sais de moi.

Il y a là Diderot, mon ange gardien le plus intelligent, celui dont je sollicite chaque jour la bénédiction matérialiste. C'est un aîné savant et charmant. Ce matin, comme chaque jour, je le sens curieux de tout, malicieux, ravi d'exister. Il a la passion de l'amour et de la raison. Tel est le secret de son bonheur – et parfois du mien.

Au centre, l'incontournable Montaigne qui observe avec indulgence ma modeste *librairie*, en inspecte les ouvrages alignés, m'invite à les picorer à ma guise afin d'en tirer une « marqueterie disjointe » qui me ressemblera. Il me conseille aussi d'être toujours moi-même et de « ne rien faire sans gaieté ». Cette dernière formule me plaît. Je n'exclus pas d'en faire un pavillon, quitte à le compléter par quelques *biographèmes* qui préciseront deux ou trois choses me concernant.

S'y ajoutent quelques autres qui, hier ou avant-hier, ont compté pour moi :

Stendhal en tenue militaire, suant sous ses favoris, parce que je lui dois le goût de l'enthousiasme, des Italiennes, du mouvement, des salons « où de jolies femmes se rafraîchissent en buvant du punch glacé ».

Le masque mortuaire de Pascal qui, mieux qu'un tableau de vanité, me renvoie sans ménagement à ma finitude de grain de poussière.

Marcel Proust, bien sûr, avec son gilet rempli de coton camphré qui lui gonfle le torse et lui donne l'allure d'un bombyx.

Herman Melville, qui tint jadis un grand rôle dans ma vie, dont je ne reparlerai pas ici puisqu'il est déjà le héros de mon livre précédent, mais dont le seul nom fait souffler un vent du large dans mon refuge.

Chamfort, toujours aigu, acide et impatient de se trancher les veines afin de n'être l'esclave de personne. Cet esprit supérieur était particulièrement laid mais l'artiste qui a gravé son visage l'a embelli, ce dont je me réjouis.

À ses côtés, l'aérien Vivant Denon en partance pour l'Égypte. Gracieux et désinvolte, il ne demande rien à personne car il est trop occupé à faire un choix parmi les plaisirs innombrables qui lui sont proposés par la vie. Sa leçon de sagesse : « s'efforcer d'obtenir ce qu'on a fait semblant de désirer ».

Plus loin, une reproduction du *Gilles* de Watteau, ce sympathique personnage à collerette, si serein d'expression, qui m'accompagne partout comme un totem nomade.

Sur des médaillons discrets, voici encore Benjamin Constant qui fut mon premier professeur d'indécision, le dernier visage d'Ernest Hemingway saisi quelques heures avant son suicide et, en maître de cérémonie, le prince de Ligne qui a posé avec un perroquet sur l'épaule et un anneau d'or à l'oreille.

Guillaume Apollinaire est le dernier venu de cette compagnie. Il est plus qu'un maître pour moi. C'est un frère de génie, un champion du monde des sentiments intelligents, dont les vers ou la prose ont toujours su pulvériser chacun de mes soucis. Aujourd'hui, me surprenant au bord de raconter certains aspects de ma vie, il tient à me rappeler qu'il écrivit :

« Passons, passons puisque tout passe,
Je me retournerai souvent »

Aucun vivant dans cette marqueterie…

S'il n'avait tenu qu'à moi, j'en serais resté à ces complices anciens, qui me suffisent et depuis longtemps m'instruisent. Mais l'âge venant, et soucieux de ne pas tirer ma révérence sans m'acquitter de ce que je dois à des créanciers plus contemporains, il m'a paru plus juste de rendre un hommage symétrique aux êtres, aux choses, aux idées, aux sentiments et aux paysages sans lesquels j'aurais été durablement inachevé.

D'où la galerie désordonnée qui va suivre. J'y ai mis des états d'âme, des individus fameux, des petits maîtres, des manières d'être, des femmes remarquables, des favoris d'une saison, des souvenirs, quelques rêveries, des émotions de passage, des aînés jadis glorieux et soudain découronnés. La plupart sont écrivains puisque c'est dans la zone littéraire que j'ai contracté mes meilleures dettes, et tous n'ont en commun que de m'avoir offert un peu de leur amitié, et d'avoir infléchi, éclairé ou embelli mon existence à un moment donné.

Faute de pouvoir tous et toutes les citer, je ne convoquerai que ceux qui s'imposent mieux que d'autres et se distinguent naturellement dans la cohue qui peuple mon déjà long passé. On trouvera même, dans cette galerie, des individus détestables sauvés par le talent, des artistes empoisonneurs, des prosateurs qui m'ont instruit par leur malfaisance même et auxquels je suis redevable puisqu'ils m'ont amélioré à leur façon, ne fût-ce qu'en me priant de ne pas leur ressembler.

Tous, jaillissant comme des diables, m'attendent et m'accueillent chaque matin, sans doute soucieux de connaître leur rang dans ma cérémonie de résurrection et d'imagination. Je souhaite vivement qu'ils ne m'en veuillent pas de les avoir requis sans consultation préalable, ni de leur avoir infligé des proximités qui leur déplairont peut-être. Je suppose cependant que les querelles anthumes s'estompent dans l'hypothétique Au-Delà.

Je m'en tiendrai ici à une seule règle : aucun vivant dans cette « marqueterie », même si je le regrette déjà car j'aurais eu plaisir à louer certains de mes compagnons d'aujourd'hui.

Je ne ferai exception que pour deux d'entre eux :

Une Bien-Aimée à qui j'accorde par principe le droit d'apparaître à sa guise dans mes divagations et qui, je l'espère, ne s'en privera pas.

Un ami de toujours qui, étant à maints égards le contraire de ce que je suis, donnera du relief à ma vision du monde.

La première et le second se feront connaître en temps voulu. Libre à eux de s'éclipser s'ils le souhaitent.

Pour le reste, seuls les morts auront ici le droit d'exister. Il est vrai que je me suis toujours senti plus libre avec eux puisqu'ils savent comme personne se taire, sourire, oublier de médire et ne jamais juger en retour.

Ce qui donne le vrac d'humeurs, de tranches de vie et de reconnaissances de dettes ici rassemblées. Je leur confie le soin d'éclairer mieux que je ne saurais le faire mes oscillations mentales et morales. J'y adjoins volontiers, avec ma gratitude, toute une panoplie de proclamations, d'émotions, de considérations, de citations, de dépits, de contradictions, qui font depuis longtemps ma mosaïque personnelle.

Je ne saurais dire pour l'heure où me mènera cette parade lancée à la diable. Ni vers quel royaume secret je cheminerai en abandonnant à mes idées, à mes portraits, à mes rêves, et à l'incohérence de leur agencement, le soin d'en décider. C'est à peine si je peux affirmer que la fantaisie seule m'a guidé, presque sans mon consentement et avec le seul souci de me refléter, par contraste ou fidélité, au plus près de ce que je suis.

État civil

— L'auteur de ce qui précède et de ce qui suit est un Capricorne astrologique avec un ascendant et une lune en Gémeaux, ce qui ne signifie rien – même si la part la plus ésotérique de son caractère en tire des conclusions de première importance.

— D'où son lignage bariolé allant du Nord protestant et batave au Sud sémite, ce qui signale par avance une complexion contradictoire.

— Il est trois fois père d'une progéniture d'excellente qualité et issue de mères distinctes. N'ignore pas cependant que la paternité, comme la filiation, est un gisement qui recèle autant de déceptions que d'espérances. Et n'ignore pas davantage que le simple fait de se reproduire est toujours une façon de miser sur l'avenir en tenant pour acquis que le présent sera décevant. Devenir père est la preuve plus ou moins consciente du pressentiment selon lequel on va rater sa vie.

— A longtemps patrouillé parmi les tumultes sentimentaux, les liaisons compliquées, les idylles, les séparations, avant une station toujours actuelle dans une passion fixe. Celle-ci s'attache désormais à une Bien-Aimée déjà mentionnée qui disqualifie rétrospectivement nombre d'égarements qui, sur le moment, furent aussi plaisants qu'instructifs.

— Agnostique par décision. Donc, demi-agnostique. Personne, de ce fait, ne saurait dire sur quel versant de son agnosticisme il basculera quelques nanosecondes avant l'inéluctable saut dans le vide.

— S'est jadis fourvoyé, mais en vain, dans le libertinage, l'érotisme, le cynisme puis le narcissisme qui sont des issues de secours classiques, quoique répétitives, pour qui veut s'échapper du quotidien. Garde de bons souvenirs de chacune de ces excursions.

— A eu son cœur provisoirement brisé et chahuté. En a profité pour voir la mort de près. N'y a trouvé aucun intérêt. Depuis, sa nouvelle aorte physiologique et sentimentale est aussi robuste qu'un pipe-line. Il est à noter que son cœur désormais réparé est équipé d'une rustine de porc.

— Son casier judiciaire est vierge. Mais serait virtuellement noirci si une justice plus rigoureuse consentait à y comptabiliser les intentions criminelles et les pensées coupables.

— Ennemi de l'ail, des frontières, de la vulgarité, du mépris, de l'amertume, des racines, de la violence, des simplifications, des impasses, de l'ignorance, de l'impolitesse.

— Se méfie de toute forme d'attachement (à une famille, une patrie, une cause, un parti, une idéologie) à l'exception de l'amour – qui, à ses yeux, reste une manière acceptable de se choisir un despote. Mais, parfois, l'amour lui-même…

— S'est toujours méfié des hommes qui fument la pipe ou retroussent leurs manches de chemise au-dessus du coude. Même méfiance de principe à l'endroit de ceux qui, déjà coupables de porter des chaussettes courtes, laissent entrevoir un morceau de leurs mollets quand ils croisent leurs jambes.

— Poids globalement constant depuis toujours.

— Pas riche mais ami des riches.

— Aimerait que la France soit peuplée d'Italiens (pour le goût du bonheur) ou de Britanniques (pour le goût du courage).

— Affligé de fréquentes insomnies toujours fécondes et propices à une sexualité classique de mâle encore en activité.

— Nombreux voyages au bout du monde ou à proximité. Préférence pour les départs vers l'ouest. Peu d'affinités avec l'Afrique, les pays froids et l'Extrême-Orient.

— Complicité définitive avec les pins maritimes, les cyprès toscans, la côte amalfitaine, les héroïnes, les porcelaines de Meissen, les décapotables anglaises, les sabliers.

— Hélio-dépendant.

— Ennemi de Don Juan, partisan inconditionnel de Casanova.

— A été la victime fréquente et consentante de plusieurs femmes fatales. Sans doute avait-il alors besoin d'une dose de souffrance supplémentaire afin de devenir un individu averti. Ne conserve aucune rancune à l'endroit de celles qui furent responsables de ces mauvaises séquences.

— Pour la Méditerranée, contre l'Atlantique.

— Taux d'anxiété élevé avec variations diurnes, nocturnes, saisonnières.

— Garde-robe irréprochable (en provenance de Milan et de Londres) à dominantes blanche, noire, marine. Ne porte jamais de montre.

— Prend la plupart de ses décisions à l'aide d'un bilboquet qui, à ce jour, ne lui a donné que de bons conseils.

— Douze livres publiés. Encore deux ou trois à venir sauf cas de force majeure. Quelques belles phrases ou paragraphes – sans plus, à son grand regret. Circonscription lectorale peu étendue mais stable. Incapable de composer des romances appréciées par les foules. Devrait s'y mettre afin de renouveler son public.

— Deux ou trois vrais amis. Un essaim d'amis approximatifs. Des intimes de passage. Quelques adversaires médiocres. Peu d'ennemis déclarés – ce qui doit s'interpréter comme un mauvais signe.

— Sympathie pour le passé. Aimerait se montrer brave et inflexible si les circonstances l'exigeaient.

— Mondain avec application quand il le faut.

— A renoncé, après quelques concessions aux idéologies d'époque, à tout idéal collectif. Ne sympathise désormais qu'avec des communautés restreintes et crépusculaires.

— N'a jamais su quoi répondre à la question de Charles Péguy dans *Clio* : « Vous n'avez donc pas de pays ? »

— Très à l'aise dans les aéroports, les gares, les ponts, les escaliers, les hangars, les zones de transit et autres non-lieux.

— Encore vingt-cinq ans de vie, ou à peine plus, dans le meilleur des cas.

— Testament régulièrement mis à jour. Probable crémation à l'horizon par hostilité à l'humus et aux vers de terre. Puis stockage dans une urne conçue à cet effet ou dispersion dans un lieu encore indéfini.

II.

Le néant, si possible

À l'époque, j'avais souvent rendez-vous avec Cioran, rue de l'Odéon, devant l'ancienne librairie d'Adrienne Monnier. Il m'accueillait d'un sourire grimaçant, presque douloureux, tout en m'aspergeant de son effroyable haleine dont il rendait responsable un régime à base de venaisons et de vinaigres balkaniques. De longs sourcils embroussaillés recouvraient ses paupières. Ils me faisaient penser au râtelier d'une locomotive de western.

— Cher Emil, comment allez-vous ?

— Aussi mal qu'il est possible… Migraines, digestion orageuse, insomnies, pensées noires… Le soleil et la lumière me fatiguent… J'ai l'habitude…

— Allons, vous ne détestez pas cette habitude…

— Que voulez-vous, nous formons un vieux couple, elle et moi… Un couple de damnés… Et vous, ce roman, ça avance ?

— Je suis en panne…

— Ah, ne vous plaignez pas ! La stérilité est une vertu… C'est même l'antichambre de la sagesse… Il suffirait de lui obéir pour être dispensé d'entreprendre… Mais un roman de plus ou de moins, entre nous, à quoi bon ? En ce qui me concerne, je n'ai jamais lu un seul roman qui ose tenir ses promesses…

— Autrefois, vous aimiez quelques romans russes…

— Oui, je me souviens… Mais le drame, avec les romans russes, c'est qu'ils n'ont pas été pensés en français…

Puis nous nous dirigions vers le jardin du Luxembourg.

En chemin, les bons jours, il abordait des sujets amusants et divers.

Parfois, il me faisait part de l'émotion qu'il avait ressentie en apprenant que le cheval préféré de l'impératrice Sissi s'appelait *Nihilismus* – « un patronyme qui ne m'aurait pas déplu » – et cela prouvait une fois encore la qualité d'âme de « cette femme admirable… » dont il avait été platoniquement épris dans sa jeunesse roumaine.

Parfois, il évoquait ses lectures philosophiques (« au fond, les métaphysiciens ne m'ont jamais rien appris… Mon corps a toujours devancé leurs diagnostics et leurs conclusions amphigouriques… »), les moralistes français (« je leur dois tout ») ou, plus improbable, son enthousiasme pour le Francis Scott Fitzgerald de *La Fêlure* auquel il témoignait une ferveur qui, de fait, se limitait à ce seul texte. Pour le reste – *flappers*, gin, Zelda, Riviera, Gatsby, etc. –, il n'y accordait aucune importance et s'en tenait à ses préjugés de misanthrope frénétiquement bouddhiste. Shakespeare lui-même le décevait parfois : « Je déteste les écrivains qui font de l'esprit… Autant que les écrivains qui n'en font pas… Ah, cette manie *littéraire* d'avoir sans cesse quelque chose à proclamer ! »

À travers sa voix furieuse, j'entendais toujours les mots qu'il *prononçait en italiques* et qui me parvenaient dans un sifflement de frelons. Il ne supportait pas les êtres et les œuvres se réclamant du sentiment, de l'émotion, du battement de cœur. Je devais me le tenir pour dit. Et je cachais mon jeu en conséquence. Je ne lui ai jamais présenté une seule de mes fiancées.

Quand je lui inspirais confiance, nous marchions jusqu'à la rue Sainte-Beuve, et nous y faisions halte dans une brasserie où il avait ses habitudes. Il me rappelait alors que les rares occasions de bonheur de son existence avaient toujours coïncidé avec ses séjours à Dieppe autour de la Saint-Sylvestre, quand il s'installait seul dans la chambre d'un hôtel anonyme pour y contempler la mer en attendant que se passent les sinistres festivités du moment. Son ami Beckett faisait à peu près la même chose en compagnie d'un magnétophone auquel il dictait quelques silences, ce qui n'était pas une mauvaise idée car ces silences lui valurent plus tard un prix Nobel. Je ne croyais qu'à demi à cet accablement et à cet état de perpétuelle déréliction. Je pense même qu'il se donnait beaucoup de mal pour être à la hauteur de sa déprimante réputation.

Dans la brasserie, Cioran reprenait l'antienne par lui infiniment modulée sur l'inutilité des livres et sur son intention paradoxale d'en écrire encore quelques-uns afin de le prouver. La défaite de tout credo, de toute religion ou conviction le stimulait. Hilare, il se sentait chaque jour plus proche d'un désastre définitif.

Ce genre de considérations me remontait le moral car ma stérilité littéraire du moment, traduite en Cioran, devenait à mes propres yeux une forme précoce de lucidité. À ses côtés, j'avais toujours l'impression d'être dans l'intimité du pire. Ou au bord d'un abîme, mais solidement arrimé à la terre ferme grâce à la conscience que j'en avais. La fin de tout, au contact de ce misanthrope, était sans cesse plus imminente. Elle paraissait même désirable, prévisible et, du coup, inoffensive. Le sombre univers de Cioran éclairait bizarrement mes meilleures journées.

Son audace fondatrice, son tour de force quasi copernicien, celui qui a sérieusement infléchi ma vision du monde, tenait en peu de mots : révéler au genre humain que le pessimisme est la condition d'une possible félicité tandis que l'optimisme est la voie royale des catastrophes – ce dont chacun peut faire l'expérience quotidienne. Toute personne doutant de ce diagnostic n'a qu'à commencer sa journée en croyant que le bonheur l'y attend…

Par ricochet, il établissait qu'en envisageant toujours l'apocalypse, on pouvait maximiser sa joie en profitant de chaque sursis accordé par un *zeitgeist* incohérent – car il y avait une vraie dose de déterminisme spinoziste chez ce faux ennemi de Spinoza. En attendant, son sport favori consistait à déconcerter l'illusion, à foudroyer l'idéal, à dénuder les vaines affectivités. L'amour, l'affaire hommes-femmes, le sexe, la plus infime croyance, participait à ses yeux d'un comique irrésistible. Son espérance : le néant, si possible – celui qui avait précédé notre naissance ; celui qui, partant, la suivrait. Pourquoi, me persuadait-il, redouterait-on le vide qui nous attend puisque nous y séjournions déjà avant de naître ?

Dans sa mansarde (manuscrits épars, toiles d'araignées, odeurs de vieille encre et d'humidité, lucarne donnant sur une cour lugubre : un lieu parfait pour mettre au monde des pensées blafardes), où il me recevait en cas d'extrême désarroi, le mien ou le sien, il s'abandonnait volontiers à son mysticisme privé de foi et à son art de rôder autour d'un Dieu absent – par indifférence ? par méchanceté ? par perversité ? Il changeait volontiers d'opinion à ce sujet.

Cioran était absolument généreux.

Il était aussi, « par devoir », absolument mélancolique.

De temps à autre, il sacrifiait par principe à une compassion minimale – puisque, selon son expérience, « nul ne peut assister au désespoir d'autrui pendant plus d'un quart d'heure… »

Son unique vice : la musique. Avec Bach, le seul Dieu crédible, comme réfutation ontologique de l'à-quoi-bon.

Ce stoïcien étant par ailleurs accablé par d'impitoyables céphalées, il aurait tout donné pour sortir de son enveloppe charnelle afin de se faufiler dans n'importe quel habitacle de substitution – à condition qu'il fût sans nerfs et sans peau.

En le quittant, et mesurant l'ampleur du malheur si abondant en ce monde, surtout dans les parages cioranesques, je ne manquais pas de conclure que, toutes choses étant inégales par ailleurs, je devais me considérer comme le plus chanceux des hommes.

Il y eut aussi, plus tard, l'autre Cioran, celui que je n'ai connu que bien après – ou, plus exactement, dont j'ai fait la connaissance quelques années après sa mort : le jeune Roumain au vitalisme dévoyé ; l'antisémite repenti qui assista sans émoi aux pogroms de Bucarest ; l'intellectuel proche de la Garde de fer du sinistre Codreanu ; l'auteur de cinq ouvrages écrits entre 1934 et 1940, dont le terrible *Transfiguration de la Roumanie*, nés de ces saisons folles et ignorées de tous jusqu'à l'ouverture d'archives secrètes après la chute du dictateur Ceaucescu… Que se serait-il passé entre nous si l'on m'avait révélé l'existence de ce magma méphitique avant l'un de nos rendez-vous ?

Était-ce pour fuir le souvenir de ces années-là que Cioran avait choisi de ne jamais se montrer ? De refuser la moindre apparition médiatique ? Était-ce pour s'épargner quelque enquête ou autre filature désobligeante qu'il avait refusé le prix Paul Morand, pourtant richement doté, alors qu'il vivait misérablement, mais financé par la fortune de la princesse Soutzo et les bénéfices de ses anciens pétroles de Transylvanie ? Était-ce parce qu'il s'était tellement trompé en roumain que cet Arkadin des Carpathes avait mis tant d'acharnement à devenir un éblouissant styliste français ?

Après coup, je me suis dit qu'il avait choisi de se vacciner en se lançant à la conquête d'un idiome vierge de ses propres égarements. Chaque mot français équivalait ainsi, dans son cœur coupable, à un début de purification, à une victoire sur son passé.

À partir de 1949, date de publication de son *Précis de décomposition*, son œuvre s'est ainsi confondue avec une volonté de rédemption. Le français des Lumières, le plus cristallin, le plus raisonnable, contre le roumain nazifié. Il envisagea même de traduire Mallarmé comme Chateaubriand avait écrit la *Vie de Rancé* – par pénitence.

Rares, très rares sont les écrivains qui, au cours d'une même existence, parviennent à devenir le contraire de ce qu'ils ont été. Et qui, en bout de course, ont encore l'audace de *transfigurer* leurs délires défunts, de les racheter, pour se confectionner, mot par mot, un bréviaire d'incroyance. Fils de pope mais ennemi de la confession, Cioran veilla en secret à ne rien se pardonner. Ce fut sa noblesse et son drame. Pensant à lui, je transpose souvent la subtile sentence de Léon Bloy (« Souffrir passe, avoir souffert ne passe jamais »), ce qui donnerait dans son cas : se tromper passe, s'être trompé ne passe jamais…

En ce qui concerne son nationalisme de jadis, je veux me souvenir du seul verdict qu'il inscrivit dans sa *Chute dans le temps* : « celui qui trouve de la douceur à sa terre natale, celui-là n'est qu'un tendre débutant… Celui à qui toute terre est natale est déjà fort… Celui pour qui le monde entier est terre étrangère, est parfait… ». Il est d'ailleurs troublant que cette phrase, écrite originellement par Hugues de Saint-Victor (1096-1141), ait été *absorbée* par la prose d'un Cioran qui se l'approprie. On aurait tort de voir là un larcin. Il s'agit plutôt d'une identification intellectuelle si profonde, si nécessaire, que le plagiat n'est plus, ici, qu'une manière de penser à travers un autre.

Il m'avait d'ailleurs laissé le soin de défendre ses *Exercices d'admiration* lors d'un « Apostrophes » qui eut son importance dans ma petite egodyssée. Le lendemain, toujours rue de l'Odéon, et bien qu'il n'ait guère songé à regarder l'émission dans laquelle je l'ensevelissais sous mes respectueux hommages, il put constater avec un dépit amusé que c'était à moi, et non à lui qui se tenait à mes côtés, que certains passants, téléspectateurs de la veille, demandaient un autographe ou une dédicace : « Il est si facile de devenir invisible, n'est-ce pas ? Je ne comprendrai jamais pourquoi si peu de gens en profitent... »

Plus triste, mon dernier souvenir : celui du Cioran attaché sur son lit de l'hôpital Broca, aux prises avec son cerveau labyrinthique et obstrué. Il étincelait encore. Ses sourcils dévalaient maintenant jusqu'au milieu de ses joues. Nietzsche devait ressembler à ce vieillard au regard incendié. Il grignotait d'un air enfantin les bouquets de fleurs qu'on lui apportait. À une amie de passage qui m'avait précédé, et qui venait de s'installer à Paris, il avait dit : « Ah, vous avez raison ! Paris est un endroit merveilleux pour qui veut rater sa vie... »

Editore, traditore

Je suis devenu éditeur à la suite d'une série de rencontres et de hasards, et je le suis resté pendant une longue partie de ma vie. À mes débuts, j'ignorais que la première qualité requise pour exercer ce métier n'était ni le discernement, ni l'exigence, ni la sagesse, ni l'amour de la littérature, ni le sens des affaires, mais le renoncement à devenir soi-même écrivain. Puisqu'il m'était impossible de m'en faire le serment, et de m'y tenir, je pris l'habitude de naviguer à vue entre mes pages et celles des auteurs sur lesquels je devais veiller. J'étais tombé dans un mauvais pli. Il me fallut y rester. Mon sens du sacrifice y trouva son compte. Autant que mon insatisfaction.

J'aimais pourtant recevoir des manuscrits, les humer, les feuilleter, y plonger à l'occasion, même si la plupart d'entre eux me semblaient accablants. Le scintillement d'une pépite relevant de l'extrême improbabilité, je remisai bien vite mes velléités de découvreur. Dans mon cas, cela n'advint qu'une seule fois, et encore, car ce fut au bénéfice d'un écrivain qui est devenu une fameuse canaille et dont je regrette d'avoir encouragé les commencements.

Très vite, prenant du galon, on me conseilla de m'en tenir à la conquête et à l'accompagnement d'écrivains déjà consacrés ou de personnalités publiques qui, parfois, avaient à peine eu le temps de lire les ouvrages qui paraissaient sous leur nom. J'aurais bien voulu m'accomplir dans le respect du principe lévinassien – « recevoir, célébrer et transmettre » –, mais la logique d'un système éditorial déjà soumis à la médiocrité du *marché* ne m'en donnait que de trop rares occasions. C'est à peine si l'on me concéda à titre de dédommagement une sorte de réserve éparpillée, au sens presque ethnographique, que je peuplais selon mes goûts d'écrivains exigeants et promis à l'insuccès, ce qui me permit d'entretenir ma bonne conscience et de déplorer l'abaissement intellectuel des temps modernes.

Je déjeunais ou dînais chaque jour avec *mes* auteurs. Je flattais leur narcissisme inextinguible et parfois justifié, tout en veillant à leur bien-être matériel et mental. Je tentais parallèlement de ne pas trop m'attarder sur leurs ingratitudes ou leurs ambitions toujours illimitées. J'infléchissais par touches certains aspects de leurs œuvres à venir tout en attisant par la coulisse le bel accueil qui serait réservé à leur nouvel *opus*, ce qui m'obligeait à doubler ma peine en courtisant critiques et patrons de presse. Évidemment, j'intriguais sans relâche, la saison venue, auprès des aréopages qui décident des fortunes d'automne et je surveillais en expert l'accroissement des profits de mon entreprise d'édition qu'Edmonde Charles-Roux, toujours distante avec ses *fournisseurs*, appelait « la maison de commerce ».

Tout cela, mêlé à des tumultes, des arrivismes et autres trafics, m'a laissé une impression contradictoire : parfois, il ne me déplaisait pas d'être un acteur plus ou moins considéré de la comédie parisienne et de ne rien ignorer, en balzacien amateur, de *L'Envers de l'histoire contemporaine* ; parfois je prenais en horreur mon obligation de séduire écrivains, jurés ou journalistes afin de vendre la plus grande quantité possible de papier imprimé. Je finis par me percevoir comme un proxénète administrant un escadron de gagneurs et de gagneuses qui, eux, devaient tapiner sans relâche sur les trottoirs de la renommée.

Ce malentendu aurait pu durer sans me désobliger, et même donner un sens à ma vie, s'il n'avait favorisé que la création, le génie, la beauté, l'intelligence, le perfectionnement moral. Mais l'époque ne tarda pas à s'en mêler qui, dans ma zone d'influence, ne visait pas toujours si haut. Enfin, je tirai ma révérence. Pas mécontent d'avoir fait mon long tour dans ce cloaque qui fut noble, mais qui ne l'est plus, tant la comédie littéraire y fait équipe avec l'appât de la notoriété ou du profit. Et d'y avoir au moins appris sans vraie joie à parfaire ma connaissance d'un monde qui, me semble-t-il, s'est encore appauvri et n'est désormais que l'ombre de ce qu'il fut.

Brève conversation avec Borges

— *Ah, maître, je suis ému de vous rencontrer !*

— Je vous remercie, mais que dois-je vous dire ? Il ne tient qu'à vous… J'adore les questions, toutes les questions…

— *Alors, allons-y… De quoi aimeriez-vous parler ?*

— Vous savez, on m'a interrogé sur la plupart des sujets… On m'a même demandé ce que je pensais de Dieu… Si je lui trouvais plus de talent qu'à Verlaine…

— *Et qu'avez-vous répondu ?*

— Ah, je ne m'en souviens plus ! Mais vous connaissez, n'est-ce pas, mon admiration pour Verlaine…

— *C'est tout de même Dieu, s'il existe, qui a créé Verlaine…*

— Je vous l'accorde ! Mais n'y a-t-il pas des questions plus intéressantes ?

— *Je vous écoute…*

— Demandez-moi, par exemple, comment moi, Borges l'aveugle, je vois l'avenir du monde ou les proportions de la place de la Concorde… Demandez-moi si l'apparition de la télévision annonce la fin de la littérature ou, mieux, si un jeune poète argentin doit vénérer le souvenir d'Evita Perón... Sur de tels sujets, je suis capable de me hisser sans effort jusqu'aux sommets de l'ineptie, du verbiage, du soliloque sans queue ni tête...

— *Est-il exact que les Suisses, qui sont vos compatriotes de cœur, vous appellent « Georges Borges » ?*

— Oui... Ils préfèrent « Georges » à « Jorge » – ça leur permet de trouver une rime riche à « maître des forges »...

— *Êtes-vous furieux contre votre cécité ?*

— Qui ne le serait pas ? Ma chance est de m'être habilement confectionné un style dépourvu de métaphores du temps que je voyais encore, de telle sorte que j'ai pu continuer à écrire quand ma vue a disparu... Sartre, sur ce point, a été moins malin que moi...

— *Auriez-vous préféré une autre infirmité ?*

— En tout cas, j'ai la chance de ne pas être sourd... Les sourds sont toujours ridicules... Ce sont des personnages de comédie... Pauvre Beethoven ! D'ailleurs, était-ce un de vos parents ? Ah, non, votre patronyme est un peu différent, mais ce « hoven » en commun, tout de même, ça doit créer des liens mystérieux, non ? Êtes-vous mélomane ? (*puis, sans attendre ma réponse...*) Quoi qu'il en soit, les aveugles, depuis Homère, sont injustement crédités d'une grande sagesse, ce qui est très drôle...

— *Drôle ?*

— Joyce prétendait que la cécité était la chose la moins importante qui lui soit arrivée... Absurde, n'est-ce pas ? Rien, croyez-moi, n'est plus insupportable que ce genre de nuit perpétuelle. D'ailleurs, je viens d'acheter une petite gravure de Dürer. Je ne la vois pas, mais j'ai conservé le souvenir de son dessin. Et il me plaît de la savoir près de moi, bien encadrée… J'ai aussi une gravure de Piranèse à laquelle je tiens beaucoup… On peut en rester là, non ?

L'agité d'outre-tombe

Certains jours, il m'arrivait de bavarder avec Cioran le matin avant de filer dans l'après-midi à un rendez-vous avec Philippe Sollers. Télescopage. Yin et yang. Humeurs ennemies dont je me sentais étrangement équidistant. Pour passer de la dépression à l'enthousiasme, des Balkans à la Gironde, de *L'Élan vers le pire* à l'élan vers *L'Infini*, il me fallut improviser quelques chemins de traverse et m'acclimater à des chauds-froids prouvant s'il en était besoin que l'esprit peut tirer grand profit à s'aiguiser sur des silex contraires.

Philippe, en ses meilleures saisons, était un prodigieux virtuose de lui-même. Allègre par principe, perpétuellement agile et habile, ondoyant à plaisir, il bondissait en tout. Non par hommage à Kafka et à son judicieux « bond hors du rang des meurtriers », mais par goût de l'aérien, de l'ubiquité, de la mobilité romanesque, esthétique, idéologique, érotique. De tous les champions rompus aux entrechats modernes, le premier rang lui revenait de droit. Il devint rapidement mon acrobate préféré. Celui qui se propulsait grâce à de puissants ressorts intérieurs et se maintenait en l'air une ou deux secondes de plus que ses rivaux.

De ce Sollers-là, j'admirais l'aplomb, l'élégante rouerie, la façon d'imposer l'idée qu'il avait de son importance, la drôlerie follement intelligente. C'est à la faveur de cette idiosyncrasie quasi brownienne, de cet inlassable débordement psychique et autocentré, qu'il put figurer sans effort et toujours en majesté sur les meilleures photos d'époque.

Précisément : depuis le 5 mai 2023, sinistre jour de sa disparition, je ne me lasse pas d'observer de près la plupart des photos qui furent publiées par les magazines, avec commentaires obligés. Il y est à jamais le même : sourire en coin, bagues, fume-cigarette, regard térébrant et rusé, l'air de dire : je vais bien, et vous ? Ses cheveux se sont éclaircis. J'entends sa belle voix de gorge. Des volutes de Camel l'enveloppent et caressent son visage poupin. Il ne doit pas être mécontent du tombereau d'hommages que l'époque dépose à ses pieds. Une revanche.

J'ai finalement retenu une photo assez rare et non datée qui pourrait figurer sur le Mur Sacré de mon refuge : il marche au bord d'une mer grise, sans doute à l'île de Ré, pantalon retroussé sur ses chevilles. Il tient en main un livre ouvert, peut-être est-il en train de lire à voix haute. Grande allure et désinvolture. Le noir-et-blanc lui va bien. Il devait être enjoué le jour de cette balade photographiée au bord de l'eau. Un roi du monde. Magnifiquement seul

– si l'on veut bien oublier le photographe ou l'équipe qui tourne la séquence. Il ne doute pas de son talent. Se projette peut-être vers un avenir où tous sauraient enfin qui il est. D'ailleurs, depuis qu'il s'est esquivé, on a le droit de pasticher François Truffaut qui trouva les mots définitifs pour dire son admiration à l'endroit d'un Sacha Guitry qui venait de mourir couvert d'honneurs alors que personne ne l'avait pris au sérieux jusque-là : aujourd'hui Sollers, comme Guitry hier, n'a plus d'ennemis, puisqu'on lui reprochait seulement d'être vivant.

Nous avions été de bons complices. Puis, vers la fin, il m'avait un peu oublié. Nous ne nous rencontrions plus par hasard. Je ne passais plus, certains après-midi, dans son bureau de la « Banque de France » de feu la rue Sébastien Bottin, il n'avait plus besoin de moi pour chroniquer son dernier livre. Finis, nos longs téléphonages. Finis, nos déjeuners bavards. Des amis communs tenaient leur rôle de messagers intermittents et discrets. Savait-il qu'il me manquait ? Que j'avais, grâce à lui, entrevu deux ou trois choses qui avaient sérieusement secoué ma vie ? Et pourquoi ce crépuscule d'amitié ? La pudeur m'interdisait de lui faire signe. Autant que l'orgueil. J'avais pourtant envie de savoir où il en était. Avec sa santé. Avec ses *Guerres du goût.* Avec les renversements d'alliance parisiens, les trafics de réputation, les coups de théâtre du petit milieu. S'intéressait-il encore à cette comédie ? On le disait affaibli. La lassitude peut-être. Ou le cœur. Ou le besoin de silence avant de se laisser glisser dans le grand vide.

Depuis ce 5 mai, ce défunt de fraîche date n'en finit pourtant pas de traverser mes souvenirs. Au moindre prétexte. Sans prévenir. Avec sa glossolalie des grands jours. Une fois dans mes pensées, il n'en fait qu'à son aise, reprend les pirouettes du Sollers qui divague, récite, crépite, *sollersise.* Le voici à nouveau, très ulysséen, *tout entier art,* rompu aux fulgurances et aux courts-circuits. Grand numéro du Sollers-le-drolatique, du Joyeux-Joyaux aux idées feux de Bengale, du Philippe-le-parfois-génial, du monstre nombrilique, ingrat et passionnément obscur dont les propos entortillés me faisaient souvent penser à des lierres grimpant autour de tuteurs nietzschéens, stendhaliens, joyciens, casanoviens. J'adorais toujours les vingt premières pages de chacun de ses romans. Des bijoux de narration sèche et parfaitement ajustée – même si la suite s'égarait souvent dans des bosquets pour moi trop alambiqués.

Il y avait aussi le Sollers stratège, très parisien de province, qui voulait se la jouer fine et disait soudain : « bon, passons dans la salle des cartes… » – ce qui signifiait : où en sommes-nous avec les forces en présence ? Qui s'est vendu à qui ? Tu as remarqué que le pape joue du Bach avant de s'endormir ? Que les *hedge funds* investissent dans la conservation des paillettes de sperme pour procréation différée ? Que les Chinois ont organisé un colloque sur Confucius et Heidegger ? Que Robbe-Grillet adore Pétain ? Que des Jésuites veulent traduire *Femmes* en latin ? Qu'on m'invite à lire *Paradis* dans la chapelle Sixtine ? D'ailleurs, mes amis de la Sûreté du territoire intriguent afin que je sois accepté en auditeur libre au prochain conclave… Et ainsi de suite. Tout, à son contact, faisait sens. Vertige de vertige. C'était drôle. Sans conséquence. Son œuvre a réussi à se faufiler, incorruptible, à travers ces petits parasitages de rien du tout. Un miracle.

Du temps de notre proximité, je m'étais habitué à ses itinéraires Bordeaux-Mao-Venise-Lacan-Vatican qu'il jetait au public comme une encre derrière laquelle il s'esquivait. Et s'il m'arrivait de me perdre dans certaines de ses conversations, surtout celles du soir où il tentait de se surprendre lui-même, j'en aimais le parfum, le rythme, les vocalises toujours feutrées. L'essentiel, c'est que *j'entendais* vraiment sa musique, son rire, sa façon paradoxalement généreuse de submerger et d'irriguer l'autre en ne parlant que de lui, de divaguer en cascade afin de mieux taire ses meilleurs secrets. Depuis qu'il n'est plus là, je n'arrête pas de discuter avec lui, de me fâcher, de me réconcilier, de me fâcher encore – provisoirement.

Parfois, il me paraît hâbleur, faiseur, seulement soucieux de rafler la mise qui traîne encore sur la table.

Parfois, au contraire, je le trouve raisonnable, admirable de constance, subtil, sincère, ami de la beauté et strictement maître de ses mots.

De tous mes disparus, Sollers est celui qui bouge le plus.

Qui va et vient, tournoie, se moque, ne se stabilise jamais.

Un chat de Schrödinger à lui tout seul.

Un agité d'outre-tombe.

Son ultime roman ne compte que quelques pages dictées, pas corrigées, sans doute pas relues. Il s'intitule précisément *La Deuxième Vie* qui, à l'en croire, n'est nullement une seconde vie, et qui peut commencer tout de suite. Ses élus doivent seulement être équipés d'un tempérament de foudre, d'une sagesse sexuelle non publicitaire, et ne rien ignorer du devenir-télé du monde actuel. À ces éminents technologues revient surtout le privilège de ne croire à rien. Avant de partir, Sollers le Grand Joueur – électrique, impassible, procédant par aphorismes et haïkus – n'avait aucune raison de se priver des obscurités les plus énigmatiques. Il en a bien profité. La dernière phrase de son dernier livre : « Si le néant est là, il est là, en train de voir le monde éclairé par un soleil noir. » Une très belle phrase. Peut-être dépourvue de sens, mais très belle. Vraiment. J'ignore ce qu'est ce « néant qui voit » et, pourtant, il m'arrive de comprendre ce que ce dernier Sollers voulait exprimer.

Dans *Présence des morts*, Emmanuel Berl raconte qu'il éprouvait des sentiments contradictoires quand il pensait au Drieu la Rochelle de sa jeunesse. Tel jour, il l'aimait. Tel autre, il lui en voulait. Et le lendemain, lui pardonnait. Avant de lui en vouloir encore. Même impression avec Sollers. C'est un défunt en mouvement. Je ne sais jamais si l'on va se fâcher, se réconcilier ou reprendre une conversation là où nous l'avions laissée. Ne jamais oublier que ce grand vivant a choisi d'être enterré dans une île, Ré, dont le toponyme annonce, par les deux lettres qui le composent, un Retour Éternel.

Il ne lisait jamais mes livres mais en disait le plus grand bien à des amis communs, à des critiques, à des jurés et à moi-même. J'ai commencé par en être blessé. Puis j'ai cessé de lui en vouloir. J'aurais pourtant bien aimé qu'il en soit autrement, c'était impossible, ce que j'écrivais *ne l'intéressait pas*. Dans une deuxième vie peut-être. Sur le fond, il m'a tout de même rendu à son insu d'inestimables services en me révélant qu'on doit écrire en inspirant par la peau, en expirant par les yeux ou les doigts, jusqu'à ce que les phrases sortent de tout le corps, jusqu'au jaillissement du son juste – qui, respectant l'oreille, n'atteint son timbre idéal que si l'esprit l'a longuement infusé.

Il y avait aussi eu, trente ans plus tôt, cette péripétie pour moi décisive, sur le boulevard du Montparnasse, alors que nous venions de déjeuner.

Je n'avais encore rien publié, il avait eu l'air de s'en désoler :

— Tu devrais boucler quelque chose, n'importe quoi, c'est important… Avec les livres, il ne faut pas trop tarder, crois-moi…

Puis, d'un air plus grave :

— Un livre, vois-tu, c'est le seul endroit où l'on peut avoir son nom tout seul, sans rien autour…

Il se reprit aussitôt :

— Non, je me trompe, on a également son nom tout seul sur… une tombe ! D'ailleurs, une tombe, un livre, c'est à peu près la même forme, non ? Un parallélépipède…

Philippe, bien qu'éminent freudien, ne pouvait savoir que j'avais eu un frère, né et mort avant moi, qui portait mon prénom, et devant la tombe duquel, dans mon enfance, je devais me recueillir souvent.

Ce nom, le mien, sur une tombe, me dispensait-il de désirer le voir figurer sur un livre ? Mon inconscient avait-il associé l'écriture à la mort ? Avais-je peur de mourir à mon tour si je publiais quelque chose ? Ces chemins sont obscurs et chacun peut y trouver ce qu'il cherche sans le savoir. Toujours est-il qu'après ces quelques mots, j'avais promptement achevé mon premier livre. Je me suis toujours plu à imaginer que, sans Sollers, mes *Enfants de Saturne* n'auraient jamais existé.

Je l'ai croisé pour la dernière fois au bar de l'hôtel Montalembert où, devant un auditoire dévoué, il s'était cru obligé de reprendre quelques-uns de ses *standards*, à commencer par celui qui vaticine sur la vraie guerre de religions qui divise la littérature française.

D'un côté, disait-il en substance, les ennemis du bonheur – Port-Royal, les Jansénistes, les wagnériens, le dix-neuvième siècle, la première NRF, *Le Monde des Livres*, le puritanisme, les orthodoxies grises, etc.

De l'autre, les libertins, les Lumières, l'escarpolette, Voltaire, la Contre-Réforme, Picasso, « Casa », Vivant Denon, lui-même…

Ce parti d'excellence, selon lui, méritait un monarque, et il proposait ses services. Tout en acceptant de s'effacer devant le seul prince de Ligne, qu'il fréquentait beaucoup en ce temps-là et qui, ayant l'habitude des affaires royales, s'acquitterait dignement du rôle.

Le hasard voulut qu'une amie me rejoigne à cet instant. Une ravissante à laquelle il se présenta avec sa promptitude habituelle et presque militaire (« Sollers ! ») avant d'entamer, l'œil en coin, plusieurs de ses meilleures cabrioles en surveillant l'effet ainsi produit sur la nouvelle venue. Après quoi, et afin d'inclure celle-ci dans la conversation qu'elle avait interrompue, il lui demanda : « Avez-vous lu les *Écarts* du prince de Ligne ? » Non, elle n'avait pas lu. Sollers lâcha alors quelques aphorismes bien choisis, puis il nous tourna le dos, théâtral et déçu. Il eut à peine le temps de jeter en l'air ces quelques mots : « Eh bien, ne perdez plus votre temps, et lisez ! Je suis certain que Ligne est fait pour vous… »

Je ne l'ai plus jamais revu. Ni entendu.

En y pensant, je ne suis pas mécontent que le prince de Ligne, « L'homme le plus heureux de son temps » selon Madame de Staël, ait pu – fût-ce par la grâce de son seul patronyme renvoyant lui-même à des lignes écrites – participer à cette ultime, énigmatique et brève prestation sollersienne.

La ravissante avait été très impressionnée.

Elle m'en parle souvent.

Rêve-Proust-Mauriac

Rencontre onirique, cette nuit, avec le très oublié Claude Mauriac pour lequel j'éprouvais une vive sympathie.

Ce lointain neveu de Proust, mémorialiste laborieux, sec et angoissé, possédait le don d'admirer quiconque passait à proximité de son universelle mansuétude. C'est ainsi que Gide, Breton, Foucault, de Gaulle, Clavel, son illustre père et cent autres qui le méritaient moins, eurent droit à ses louanges, à ses péans toujours fervents et consignés dans un *Journal* torrentueux dont le principe hautement artificiel et très Nouveau Roman consistait à mêler hier avec aujourd'hui au fil d'un charivari qui donnait le tournis.

Dans mon rêve, Claude Mauriac m'apprend qu'il vient de trouver cent pages inédites de son *Oncle Marcel* dans le grenier d'une maison de campagne.

— Hélas, ajoute-t-il aussitôt, les rats ont découvert ce trésor avant moi… Et ils s'en sont régalés…

Je l'entends encore se lamenter, juste avant mon propre réveil, à l'idée qu'un morceau inédit de Saint-Loup, de

Charlus ou de Swann séjourne désormais dans le tube digestif d'un rongeur. Il ne le pardonnerait pas, me jura-t-il, à sa tante Mante-Proust qui, trouvant ces pages trop scabreuses, avait cru devoir les enfouir dans une malle, elle-même abandonnée dans un grenier, afin d'en priver la postérité pudibonde d'un écrivain qui, bien que « membre de la famille », scandalisait son héritière.

Dans la réalité, j'aurais sans doute tenté de consoler ce diariste aimable et trop sensible. Mais, dans le rêve, je prends plaisir à le torturer un peu. Et lui signale que Marcel, en vérité, avait beaucoup de considération pour les rats, qu'il lui arrivait même d'en fréquenter…

Afin d'appuyer mon propos, je lui conseille la lecture de deux ouvrages particulièrement malsains de Maurice Sachs et de Marcel Jouhandeau, lesquels détaillent les supposées turpitudes de Proust dans l'établissement de la rue de l'Arcade où le fameux Le Cuziat, glauque personnage et modèle du giletier Jupien, ne refusait rien à la fantaisie sexuelle de ses clients fortunés.

Là aussi, il est question de rats puisque Marcel, affirment ces médisants-qui-disent-peut-être-la-vérité, en faisait un étrange usage et les exigeait « dodus et cruels » pour satisfaire un vice assez singulier dont je préfère ne rien détailler.

Indigné, Claude Mauriac refusa d'en savoir davantage. Et il s'évanouit dans ma nuit aussi promptement qu'il y était apparu.

La Bien-Aimée

Italienne. Très catholique. Cosmopolite. À l'aise sur n'importe quel continent ou en présence de n'importe quelle compagnie. Caractère ondoyant et ajusté à l'une des cinq ou six langues dans lesquelles elle s'exprime. Jeune depuis toujours. Rajeunie chaque matin à grand renfort de bonne humeur, d'onguents, de musique, de gymnastique. Belle d'une folle beauté extérieure, intérieure, supérieure. N'a jamais eu la moindre revanche à prendre sur le malheur ou sur quelque autre disgrâce. Naturellement chérie par la plupart. D'où sa vigilance jamais démentie à l'endroit de l'humanité en général, des premiers rôles aux figurants anonymes. Élégante-sophistiquée-simple. Moralement fiable. Toujours disponible pour partir à la chasse au tigre, quel qu'il soit, où qu'il soit, à condition que son partenaire de chasse ne soit pas un lâche. Amoureuse des églises de cette Toscane où elle est née, qui lui ressemble, où elle se confessait et se retire encore dès que le climat mental de Paris, de New York ou de Buenos Aires lui paraît trop belliqueux. On peut retrouver son portrait involontaire dans plusieurs tableaux des *Offices* à Florence puisque les peintres du Quattrocento avaient sans doute des modèles qui lui ressemblaient. Défaut principal : croit que la vie est faite pour permettre aux vivants d'être heureux.

A surgi tardivement dans mon existence. Un miracle. Sans doute mon meilleur miracle – même si la chance et le hasard, qui ne m'ont jamais épargné leurs bienfaits, m'en avaient déjà versé d'excellents. Elle me dit parfois que l'amour est le châtiment de ceux qui ne supportent pas la solitude. Et parfois elle me dit le contraire. Comment savoir ? En attendant, elle sait aussi bien aimer que se laisser aimer – ce qui n'est pas fréquent pour des femmes de son envergure.

Elle est devenue l'une des première lectrices de chacun de mes manuscrits mais aurait sans doute préféré que j'écrive des romances moins cérébrales. Avec début, milieu, coup de théâtre, épilogue infusé de tumultes à l'anglaise. Que j'y détaille les entrelacs d'émotions et d'emportements qui font recette. Que j'y invente des héros et des héroïnes exaltés comme dans les intrigues de cinéma, et offerts à tous les vents de la passion qui emporte le cœur de page en page. Elle s'enthousiasme pourtant, afin de me flatter, quand je lui confie l'ouvrage que je viens d'achever. Il faut alors avoir une ouïe fine pour entendre ce que sa délicatesse l'empêche de m'avouer. Si j'avais une autre vie à ma disposition, je m'installerais à Los Angeles, du côté de Mulholland Drive, et j'abandonnerais la littérature pour écrire des séries télévisées afin de lui plaire davantage.

Depuis que nous nous connaissons, elle me sourit quand, chaque matin, je la quitte. Et elle m'accueille en roi quand je reviens le soir – ou quelques jours plus tard. Aucune question, jamais. Peu de téléphonages indiscrets ou insistants. Aucune curiosité avouée au sujet de ce que j'ai fait ou vécu au cours de mes journées dans mon refuge de la rue paisible. Elle n'y est d'ailleurs venue qu'une seule fois. Elle avait observé avec amusement chacun des visages encadrés sur mon Mur Sacré. Je crois, mais rien n'est moins sûr, qu'elle avait eu une préférence pour le *Gilles* de Watteau. D'une manière générale, elle ne signale jamais ce qu'elle préfère ou tient en suspicion. Aux autres de deviner.

Il ne m'est pas désagréable d'être globalement un inconnu pour elle. Et elle doit éprouver la même sensation quand je l'interroge : mais enfin qui es-tu ? Qu'attends-tu de moi ? de nous ? Méfiance commune pour les mélodrames de la vie quotidienne. Tolérance absolue et audacieuse pour la plupart des désirs qui se présentent et qu'il faut cueillir sur un coup de tête. Allergie réciproque à la fusion sentimentale. Mépris du romantisme vain. Nous nous contentons d'être uniques l'un pour l'autre. Et distincts l'un face à l'autre. Parfois, je la suis sournoisement dans les rues de Paris sans qu'elle le sache. Peut-être en fait-elle autant, ce qui ne m'indignerait pas puisque je tiens la jalousie silencieuse en grande estime. J'aime notre liberté bordée, balisée, instruite, sous contrôle. La nuit, après nos jeux, nous dormons dans des chambres séparées. Et le lendemain, elle ne se montre jamais sans s'être légèrement apprêtée. C'est une femme-dandy. Une intime du fard et de l'artifice qui sait aussi tirer profit du naturel. Une créature baudelairienne qui ne connaît pas Baudelaire. Il lui arrive aussi de se retirer dans sa maison toscane aux portes du Val d'Orcia. J'ignore ce qu'elle y fait. Je ne la rejoins que si elle m'en prie avec insistance.

Écrivains en situation

J'ai compris assez tôt qu'il me faudrait, par fatalité, fréquenter des individus qui allaient devenir, ou étaient déjà, des écrivains. Je ne saurais dire d'où me venait cette certitude qui s'est imposée presque à mon insu, et je m'en réjouis d'autant moins qu'il ne m'aurait pas déplu de fréquenter plutôt des grands sportifs, des aventuriers, des savants, des jardiniers ou des saints. Il a donc fallu que je me renseigne auprès des meilleurs informateurs sur les habitudes, les mœurs, les manies, les façons d'être des élus et des cénacles dont l'onction paraissait nécessaire à mon propre accomplissement. J'en ai ainsi beaucoup appris sur les usages littéraires de mon temps en improvisant un rôle d'imitateur dans une comédie qui m'a reprogrammé avec des réflexes, des illusions, des hypocrisies, de futures déceptions, toutes également utiles. C'est dans cet aquarium, en tout cas, que j'ai pu parfaire ma connaissance d'un milieu dont les membres augmentent souvent la beauté et l'intelligence du monde, mais passent parfois plus de temps à s'entregloser vainement. D'où les saynètes et observations ici jointes en bouquet. Certaines sont d'aujourd'hui. D'autres, à peine vieillies, sont d'hier, c'est-à-dire encore d'aujourd'hui.

— Dès qu'un écrivain brille en société, dès qu'il étincelle par ses saillies et son esprit, je devine, même si je ne l'ai jamais lu, que ses livres sont médiocres – ou, en tout cas, peu à mon goût. Car la vraie littérature, j'en suis presque certain, exige des timides, suppose des convives qu'on ne remarque pas, des amis du retrait, des taciturnes qui pour rien au monde ne braderaient leurs trouvailles. À l'époque, je me serais instinctivement méfié, en me trompant, des *étinceleurs* comme Malaparte, Cocteau ou Malraux. Et mes propres livres valent encore moins à mes yeux après une soirée où j'ai eu la faiblesse de bien manier mes reparties ou de l'emporter par des arguments définitifs et sonores qui ont impressionné l'assistance tout en me vidant de toute énergie créatrice.

— Grâce à ses tarots fantaisistes, Gala (épouse Dalí-Éluard) avait tout de même prédit la date exacte du suicide de René Crevel et celle de l'invasion de la Pologne.

— Je rencontre souvent des écrivains ou de simples publicistes qui argumentent jusqu'à la frénésie, qui parlent sans cesse avec postillons et convictions. Ces individus m'intriguent : que veulent-ils *ne pas dire* en brassant tant de mots ? Quel secret veulent-ils ensevelir sous leurs cataractes de paroles ? Depuis longtemps, je me méfie des volubiles. Plus ils multiplient les paroles, plus je les soupçonne de taire quelque chose. Et moins je les sens convaincus de ce qu'ils avancent.

— Observation symétrique de la précédente, quoique complémentaire, à propos de ces écrivains, particulièrement prolifiques, qui cessent d'écrire dès qu'ils n'ont plus rien à cacher.

— Le coiffeur de Goethe se faisait une petite fortune en vendant des mèches du grand homme à des admirateurs. Les tarifs variaient selon l'impatience des acheteurs – une *mèche immédiate* pouvant ainsi atteindre le prix d'une écharde de la Vraie Croix. Jadis, Reynaldo Hahn en avait offert une à Marcel Proust, qui s'en méfia aussitôt. En effet, celui-ci n'ignorait pas que Goethe passait beaucoup de temps dans les jardins où il herborisait à loisir. Qui aurait alors pu jurer que cette mèche n'était pas encore chargée de ce pollen rhénan qui est spécialement fatal aux asthmatiques ?

— Depuis qu'il a rencontré le succès, cet homme de lettres s'est fait le visage et l'allure d'un prélat influent. Son sourire est calibré pour ne pas lui chatouiller le menton ou le bout du nez. Ses sourcils se froncent comme un rideau à bouillons. La ride du lion lui partage équitablement le front en deux hémisphères onctueux, rebondis et cuivrés qui se veulent purs reflets de ses pensées intenses. Tous ses amis ont du pouvoir ou de l'influence, il les appelle par leur simple prénom et jouit d'être leur intime. En général, il déplore l'avachissement des mœurs et de la grammaire tout en se montrant moins exigeant avec le reliquat de muscles qui soutient faiblement son torse. Il n'a pas dû caresser une femme, ni même un homme, depuis des années et l'on dirait, à son contact, un morceau de sucre jadis oublié au fond d'un verre de liqueur. Ce malheureux, pour finir, a trop peu de santé pour sacrifier à quelque vice. Il n'est pas impossible que je lui signifie mon dégoût à notre prochaine rencontre.

— André Breton portait souvent des vêtements taillés dans des tissus de couleur vert bouteille, presque kaki, semblables à ceux qu'on utilise pour des tenues militaires. Il avait même exigé que les cendriers du Cyrano, son quartier général de la rue des Martyrs, fussent verdâtres. D'où, sans doute, cette odeur de caserne – qu'il imposait à dessein afin d'établir son autorité – et qui, pour mes narines d'imagination peu surréaliste, flotte toujours autour de lui.

— Suicide exemplaire de Cesare Pavese le 27 août 1950, dans une chambre de l'hôtel Roma à Turin. Sur sa table de nuit, ces quelques mots écrits sur la première page de ses *Dialogues avec Leuco* : « Je pardonne tout le monde et je demande pardon à tout le monde. Ça va ? Pas trop de commérages… » Je ne connais pas de meilleure sortie de scène.

— Dresser la liste des écrivains dont l'art d'écrire est si grand et l'art de vivre si petit.

— Il pense sérieusement que son prochain livre fera scandale et il envisage de se choisir un pseudonyme. Il aimerait bien reprendre celui de Balzac – Lord R'Hoone, anagramme d'Honoré – mais il craint, ce faisant, qu'on ne le reconnaisse pas. De la difficulté d'être invisible tout en se faisant remarquer.

— Il vit dans la misère. Chambrette sinistre, un repas tous les deux jours, aucune maîtresse, un teint de lavabo, une œuvre virtuelle qui tarde à naître, mais un ton, un regard, une arrogance, une incandescence d'homme supérieur. Hier encore, le croisant sur le boulevard, je l'ai vu piaffer comme un pur-sang encore entravé. « J'ai le temps, me murmure-t-il sans rire et avec un regard de conspirateur… Ma gloire n'a qu'à patienter… » Penser à l'excellent mot de Napoléon : « L'infortune, cette sage-femme du génie… »

— Après son quatrième échec à l'Académie, et accablé par les trahisons et les promesses non tenues, il me cite le Stendhal de *Lucien Leuwen* : « L'âme est un marais infect… Si l'on n'y passe vite, on s'enlise… »

— Pascal, d'après ses biographes, craignait toujours de tomber, ce qui donne un relief particulier à sa puissante métaphysique de la Chute. De plus, il ne supportait pas qu'on le touche, et cette tactylophobie lui interdisait en retour de toucher lui-même les autres humains, ainsi que les animaux. D'ailleurs, il possédait un chat (dont j'aimerais tant connaître le nom) auquel il ne permit jamais de sauter sur ses genoux. Ces détails, complétés par sa haine de l'amour – qui, comme l'acédie, risquait de favoriser l'oubli de Dieu –, ont achevé de me rendre cet incomparable génie parfaitement antipathique. Ajouterai-je que, partout, il nomme « besogne » l'acte sexuel.

— Je ne compte plus le nombre de circonstances au cours desquelles ce romancier talentueux, qui affecte d'être mon ami, m'a menti et trahi. Pour des broutilles, pour des affaires plus graves… Or, je n'arrive pas à lui en tenir rigueur. Sans doute parce que je ne l'ai jamais aimé… On m'apprend qu'il publiera un roman à clés en septembre et je devine que j'y serai reconnaissable et maltraité. Je guette donc la lettre dans laquelle il m'expliquera qu'il n'a pas voulu dire ce qu'on lui fait dire puisqu'il déplore sans cesse d'être ce qu'il est tout en persistant dans sa nature. Il est probable que, par indifférence, je ne lui en veuille pas plus que par le passé.

— Quelques injures inventées par Léon Bloy : « turlupin sacrilège » (pour Édouard Drumont) ; « frénétique spumeux né pour le pourboire et le coup de botte » (Vallès) ; « l'idole des mouches » (Edmond de Goncourt) ; « l'eunuque » (Paul Bourget) ; « l'oracle des mufles (Francisque Sarcey) ; « acéphale commandité par le néant » (Barrès) : « résidu d'hospice » (Remy de Gourmont) ; « infime délateur » (Victor Hugo) ; etc.

— Quand Aragon se retirait dans son bureau pour écrire, il disait : « Maintenant, je vais tourner mes ficelles. »

— Il est petit, rose, souriant. Son épouse, qu'il adore, ressemble à une girafe recouverte de taches de rousseur, son ventre commence sous la gorge comme un gésier de dindon, et sa santé lui cause périodiquement du tracas… Il m'assure pourtant qu'il est le plus heureux des hommes. Je l'envie. D'ailleurs, j'envie volontiers les êtres qui, ayant une idée approximative du bonheur, sont prêts à se croire heureux dès lors qu'ils sont à peine vivants.

— La philosophe Simone Weil, qui fréquenta le cercle de Georges Bataille, ne détestait pas se faire souffrir en glissant des aiguilles sous ses ongles. Cette femme étrange, dont il est désormais recommandé de penser le plus grand bien, ajoutait sur le même registre qu'elle commettait le « péché d'envie » chaque fois qu'elle voyait un Christ en croix. Méfiance.

— Les écrivains dont les poumons sont fragiles et qui ont le souffle court (Proust, Amiel, Svevo…) ont toujours besoin de composer des phrases longues. Ils ressemblent à des nageurs qui multiplient leurs brasses, leurs mots, afin d'atteindre l'autre rive ou le point final de la période dans laquelle ils se sont engagés. À l'inverse, les écrivains aux poumons amples et vigoureux (Hemingway, Mérimée, Maupassant…) s'épanouissent dans la phrase courte, nerveuse, tendue, avec des mots qui bondissent si bien qu'ils atteignent rapidement le bout du chemin qu'ils ont à parcourir. Deux écoles. Deux respirations. Deux *inspirations*. Le souffle est toujours l'antre mystérieux du style.

— Francis Scott Fitzgerald avait le don de simplifier les choses. Pour lui, il n'y avait ainsi, dans la vie, que « deux trucs supérieurs » : l'argent et le grand magnétisme animal. Et « deux trucs juste en dessous » : la beauté et l'intelligence. Chaque écrivain devrait en tenir le plus grand compte dans l'élaboration des personnages de ses romans.

— Le « narcissisme de la douleur » chez certains écrivains : manie de chérir une blessure ancienne, une humiliation, une honte sociale, une disgrâce fondatrice… Ah, l'extase inversée, presque le quartier d'infamie comme on dit quartier de noblesse, des *transfuges de classe* dont la mère a été femme de ménage ou raciste ! Dans la France compatissante, on peut faire carrière (sociale et littéraire) avec cette sorte de fuel chromosomique. Un péché originel, ça ne se refuse pas, surtout si l'on aspire à une forme de sainteté publicitaire.

— Souvent, ce futur académicien va au Museum d'histoire naturelle ou à la Cité des sciences pour y noter des tas de mots bizarres et savants désignant des pierres, des animaux, des parcelles de matière, des bribes d'ossements ou d'insectes et, de retour chez lui, il essaie de construire des phrases où ces mots trouveront leur place. La plupart de ses contemporains louent son grand esprit. On le réclame pour des conférences. « C'est notre Bouvard-et-Pécuchet à lui tout seul », me disait hier le persifleur qui passe pour son meilleur ami.

— « Saint-John Perse n'est que le petit Pindare du Quai d'Orsay, me confie-t-il d'un air pincé… Voyez comme il gonfle ses poèmes à l'hélium du *non usité vocable*… D'où l'impression d'altitude immédiate… » J'ai longtemps cru que ce n'était là qu'un propos de jaloux. Mais, relisant le « Petit Pindare », je change d'avis : ce Léger, décidément, ne pèse pas lourd. Il est fait pour les antipoètes qui écrivent avec un dictionnaire. Ses intrigues pour obtenir le prix Nobel signalent par ailleurs, malgré l'ampleur de ses phrases, un caractère étriqué et pathétique.

— Une éminente écrivaine de la côte Est des États-Unis m'explique doctement qu'Ernest Hemingway, qu'elle n'apprécie guère, était surtout « effrayé par les femmes », et aurait eu inlassablement besoin de remplacer l'affrontement des sexes par des conflits plus masculins comme la boxe, la guerre, la corrida ou la lutte avec un espadon. Elle conclut sa démonstration en me suggérant qu'Ernest aurait tant aimé, c'est classique, que son soleil, vous voyez ce que je veux dire, « se lève aussi... »

— Les amis, naturellement soumis au principe de courtoisie, ne nous disent jamais la vérité sur les manuscrits que nous leur soumettons. Pour savoir ce que valent les livres dont nous sommes les auteurs, mieux vaut solliciter le jugement des plus féroces de nos ennemis. C'est ainsi que je procède avec le perfide F – qui me hait tellement qu'il se jetterait par la fenêtre plutôt que de ne pas se moquer de la plus infime de mes fautes de goût ou de style. Aveuglé par la haine qu'il me témoigne, il n'a pas encore compris qu'agissant ainsi, il me rend le plus éminent des services.

— « Je ne cherche plus le bonheur, me confie ce charmant dramaturge à succès... La vie vaut mieux que ça... » Le soir même, il m'envoie un message dans lequel il avoue que cette phrase n'est pas de lui, mais de Bernard Shaw. « Sur le moment, j'ai voulu m'en attribuer la trouvaille, écrit-il, mais je sens que si je dissimule mon larcin, j'aurais du mal à m'endormir. » J'adore cet homme.

— Goethe, encore lui, préférait « subir le lavement » plutôt que de dîner en tête à tête avec Germaine de Staël.

— La biographie sèche de Kafka (en résumant les travaux de Reiner Stach) : 40 années et 11 mois de vie. 16 ans et 6 mois d'études. 14 ans et 8 mois d'existence professionnelle. A passé 45 jours à l'étranger. A vu la mer à trois reprises. A été témoin d'une guerre mondiale. Retraité à 39 ans. Puis mort de tuberculose laryngée dans un sanatorium viennois. Célibataire. Fiancé à trois reprises (dont deux fois avec la même femme). 7 ou 8 relations avec des prostituées. Aucune descendance. A laissé 40 textes d'excellente prose.

— Gloire à Cyril Connolly – cet homme de lettres anglais des années 1950, lui-même lascif, hédoniste, sybarite, taoïste et francophile – d'avoir offert un *Tombeau* à la figure désormais improbable de Palinure, ce héros antique dont le haut fait consista à conduire sans faillir le navire d'Énée après la chute de Troie, avant de se noyer volontairement quand l'Italie fut en vue. Grâce à Connolly, et accessoirement à Virgile, Palinure reste à jamais le symbole de ceux qui préfèrent la haute mer aux ports d'attache, le voyage aux escales, l'horizon aux séjours confortables. Son destin séduira les êtres, peu nombreux il est vrai, qui, plutôt que de s'apaiser quelque part, n'aspirent qu'à la désertion, méprisent le succès, et respectent le désir de tout abandonner à l'instant de la victoire. C'est dire que le palinurisme recrute de moins en moins – ce dont je m'attriste chaque jour.

Jacques Rigaut préférait ne pas

Pour tous les apprentis romanciers qui ont un jour été tentés par la posture terriblement avantageuse du *grand-écrivain-sans-œuvre*, la rencontre avec la figure de Jacques Rigaut, le Grand Stérile, peut être aussi toxique qu'inéluctable. En tout cas, elle l'a été pour moi.

Cet éternel jeune homme, que j'idolâtrais du temps que je ne parvenais pas à accoucher du livre dont je me croyais enceint, décida ainsi, avec une ardeur que personne n'égala par la suite, de ne laisser aucune trace de son passage sur la terre. Il y parvint admirablement – si l'on excepte quelques-uns de ses *Propos amorphes* où il esquisse la théorie d'un étrange « futur sans avenir ».

Sa morgue, son mépris de tout ce qui lui semblait médiocre, son ricanement devant les artistes qui croyaient infléchir le cours des choses, achevèrent de le rendre à jamais mémorable.

Dandy, mondain, rebelle, sec de cœur et d'allure, Rigaut voulait impressionner les esprits et devenir unique en se contentant d'apparaître, d'éblouir, de *laisser entendre* tous les mots qu'il ne prononçait pas, de faire miroiter l'ouvrage encore virtuel qui gisait en lui, puis de se retirer à temps, tant il est requis que ce rôle ne s'accommode pas d'une prestation trop longue. Le suicide sera en conséquence une option inévitablement retenue à terme pour qui a *préféré ne pas*.

Rigaut était de cette race-là. Jusqu'à son geste fatal (barbituriques, alcool, browning à portée de main), il semblait satisfait d'avoir vécu en narguant ses contemporains qui y allaient tous en masse de leurs premiers barbouillages, de leurs vers, de leurs gloses, de leurs systèmes. Il s'en tint, magnifiquement seul, à la splendide aridité créatrice qui fit de lui l'équivalent d'un Brummell de la littérature.

Aujourd'hui, on consacre des thèses de mille pages à cet astre vide dont la résurrection doit également à Drieu la Rochelle, son vampire, son complice en nihilisme, qui s'en inspira pour son *Adieu à Gonzague* et pour le héros du *Feu follet*.

J'ai eu la sagesse d'admettre à temps qu'il était impossible de rivaliser avec un tel champion du rien. Et de comprendre que, pour s'obstiner dans le retrait quand tout, du moins le croit-on, prédispose à un destin tonitruant, il fallait une grandeur quasi mystique, une impatience face au néant, et un désespoir inaccessible au commun.

L'auteur en quête de personnages

1 – Le Grand Spectacle Moderne exige de l'écrivain qui a la faiblesse de vouloir être *visible* qu'il choisisse d'abord le Personnage qui sera son ambassadeur, son affiche la plus expressive, son délégué plénipotentiaire, son être-pour-autrui d'emblée perceptible par l'opinion. Toute autre option impliquerait de ne compter que sur la chance-hasard-talent-postérité pour accéder aux pixels numériques ou symboliques qui étalonnent la notoriété et mesurent, avec variations d'époque, les taux d'existence publique qui décident de la renommée et même de la gloire.

2 – Le *Personnage* : c'est-à-dire l'ensemble des signes – gestes, apparence, mœurs, déguisements, idéologie, charisme, idiosyncrasie, style, *look*, engagement politique, manières d'être, généalogie, éloquence, mutisme, antécédents historiques, prégnance médiatique, etc. – qui précèdent ou escortent l'écrivain, et qui se résument dans le halo hautement prégnant de sa réputation, laquelle ramasse et coagule l'essence du Personnage.

3 – Le Personnage peut être diversement accessoirisé. Cocaïne, cigarettes, alcool, infirmités, vêtements, vices, idées fixes, coiffures extrêmes, gestes, tics, barbes taillées ou hirsutes, bonnes ou mauvaises fréquentations, pratiques alimentaires, décors opulents ou misérables, seront retenus selon les profils souhaités. Les officines d'édition, les rapports de police et les magazines qui codifient ces rituels d'apparition accordent la plus grande attention à ces stratagèmes souvent retenus après coup.

4 – L'opinion préfère toujours le Personnage immédiatement identifiable à une œuvre dont la lecture est chronophage. Capturé par toute une série d'antennes, il sera loué, toléré ou honni dans l'instant, tout en restant soumis à d'éventuelles volte-face. Dans le monde du Grand Spectacle Moderne, on aime ou on déteste en un clin d'œil. N'auront recours à la nuance que certains professionnels de la profession dont la voix porte peu. Le *marketing*, nouvel oiseau de Minerve, ratifiera à la tombée de la nuit ce qui s'est mystérieusement noué à l'aube d'une première perception.

5 – Dans cette *Commedia dell'arte* sans cesse actualisée, la beauté, l'éloquence, la brillance, le succès lui-même, ne sont pas des qualités forcément requises puisque la laideur, le parler boiteux, l'invisibilité calculée ou l'insuccès peuvent être, à terme, de grand rapport publicitaire, tout en restant des valeurs sûres pour qui veut cheminer par la contre-allée.

6 – Galerie de Personnages : l'incestué, l'Extravagant, le Noctambule, le Transfuge, le Dandy, le Mutique, le Grand Invisible, l'Exilé, le Rebelle, le Toxico, le Mystique, le Damné, le Playboy, l'Exilé, le Dissident, le Souffreteux, le Grand-Écrivain, l'Aventurier, le Riche, le Pauvre, le Pornographe, le Libertin, le Misanthrope, le Mondain, le Désinvolte, le Violé, etc. Le lecteur attentif aux choses contemporaines voudra bien accrocher à chacun de ces Personnages les patronymes masculins ou féminins qui s'y rapportent.

7 – Au début, le Personnage fait gagner du temps à l'écrivain qui s'acoquine avec lui, mais malheur à celui qui s'y installe et prétend s'en draper à jamais. Passé les premières perceptions, l'apparence officielle, la marionnette, deviennent des prisons et l'écrivain leur doit obéissance. Comme un être à son reflet. Comme un paralysé à son exosquelette. Nombreux drames en perspective.

8 – Ces réductions par Personnages interposés auraient enchanté l'éminent Sainte-Beuve qui recommandait précisément de ne pas distinguer entre l'homme et l'artiste, entre le *moi social* et le *moi qui écrit* – entre l'écrivain et le *moi-qui-passe-à-la-télé*. Marcel Proust esquissa de fortes réserves, et même un début de théorie, *contre* cette critique que les Modernes tiennent en grande suspicion, mais dont raffolent les Anglo-Saxons – qui sont toujours partants dès qu'il s'agit de diluer une œuvre dans une vie. Ce faisant, Proust trouva lui-même son propre Personnage : celui de l'écrivain qui ne veut pas que l'on sache qui il est.

9 – Ces considérations relèvent du seul spectacle généralisé. Elles ne présument en rien de la valeur de l'écrivain. Elles expliquent seulement pourquoi certains d'entre eux, à talent égal, ont beaucoup de mal à imprimer la pellicule du temps tandis que d'autres y parviennent sans problème.

10 – En ce qui me concerne, j'ai longtemps cherché mon propre Personnage, celui qui me précéderait et m'exprimerait à mon insu, et j'ai parfois cru l'apercevoir comme une version possible et simplifiée de moi-même – mais ce double peu fiable s'est toujours dérobé, ou m'a évité. Pressentait-il que je n'étais pas un bon support pour lui ? Et quel Personnage aurais-je finalement choisi ? Entre le Mutique, le Bavard, le Stérile, l'Engagé, le Sudiste, le Nanti, j'hésitais... Encore fallait-il que je m'acclimate à l'allure et aux répliques assorties... Résultat : l'époque me considère à peine au-delà d'un périmètre restreint. Je m'en avise sans amertume ni déplaisir car cela me vaut une précieuse liberté de jugement, d'action, d'allégeance. J'ai bien envisagé, vu la situation, d'endosser la défroque du Maudit mais, si l'on veut bien considérer mes privilèges, mon niveau de vie, mes manières huppées et l'élégance de mes décors – qui dressent un obstacle d'époque à la bonne réception de ce que j'écris –, ce ne serait guère crédible. Je me promets en tout cas que, dans une prochaine vie, je m'y prendrai plus habilement.

La dernière chanson de Roland

Le vingtième siècle n'en avait plus pour très longtemps, qui s'attardait entre chien et loup.

Les gloires de la veille avaient entamé leur chemin d'agonie et l'on distinguait mal celles qui prendraient leur relève.

L'Ordre, le Progrès, la Vérité, l'Avenir, la Révolution, tout avait pris un coup de vieux.

C'était à n'y rien comprendre.

Roland Barthes était en ce temps-là plus mélancolique qu'il ne l'avait jamais été. Avait-il deviné que ses grandes entreprises sémiologiques périclitaient ? Que des saisons moins cérébrales s'amoncelaient à l'horizon ? Qui serait-il, qui devrait-il être, dans le monde de confusion qui lentement advenait ? De quel passé devait-il se délester pour prolonger son bail avec les modernes ?

Désœuvré, en retrait, il n'hésitait plus à officialiser ses désirs sans se soucier de la respectabilité requise pour une éminence de son envergure. On le croisait souvent dans les coursives du Palace, dans les bars de Saint-Germain, dans les petits restaurants où il dînait seul en lisant les *Pensées* de Pascal avant de partir à la chasse aux « gigs » et aux « biquets » postés devant le Flore, le Montana, l'église Saint-Sulpice.

Circulant parmi les *strangers in the night* du quartier, la coqueluche des mondains et des *scripteurs* était alors plus connue sous le nom de « Mamie » ou « la Bergère ». Il errait, titubait, la paupière lourde, le chandail informe, comme le héros d'un roman russe. Un halo d'ennui, de fadeur, de *neutre*, stagnait autour de sa lourde silhouette. On avait envie de le protéger contre les gitons qui l'abordaient et avec lesquels il ne devait pas s'entretenir de l'*encratie* sadienne ni de l'*écriture blanche* chez Ignace de Loyola. Cet homme défait ne partageait qu'une parcelle d'identité avec le maître qui était encore au faîte de sa gloire à New York, à Tokyo ou dans les colloques de Cerisy. C'était maintenant un vieux garçon fatigué. Un Catulle Mendès qui aurait lu Lacan, Brecht et Benveniste. Un Francis de Miomandre qui aurait préféré Montparnasse à la place Saint-Marc.

Depuis quelques années, l'auteur starifié des *Fragments d'un discours amoureux* avait lentement basculé dans ses saisons noires. Veuf de sa mère depuis peu, dépressif, perpétuellement navré, « acédique », il était inconsolable de la vie qu'il aurait aimé vivre. Il guettait en voyeur, en effleureur, des tendresses qui le fuyaient. Il aurait voulu, mais il n'était plus temps, changer de passé, brader ses *concetti*, son *Système de la mode* ou ses pugilats sur Racine, tous trop hérissés de néologismes déjà désuets, afin de se risquer dans un « roman » qui, dans ses songes, devait ressembler à une cathédrale proustienne.

En attendant, il contemplait avec dépit ses vains efforts d'autrefois en faveur des « ténuités », des « codes », des « logothètes » – ces monstres théoriques et désormais inutiles qu'il enfantait à la chaîne. Il *conférençait* avec dépit devant des auditoires en extase. Il murmurait. Il doutait de tout, de l'amitié, de l'amour, de la Nouvelle Critique, de lui-même. Sa voix s'était installée dans l'octave presque mièvre et chantournée qu'il chérissait en secret et avait trop longtemps esquivée. Parfois, par réflexe, le prélat en lui distribuait quelques onctions préfacières, comme jadis à l'endroit de Robbe-Grillet ou de Sollers, ces anciens modernes par lui consacrés, dont les combats formalistes ne l'excitaient plus.

Il avait eu, *par timidité*, le génie de la versatilité : marxiste d'allégeance quand il le fallait, sartrien ardent puis repenti, brechtien au moment opportun, structuraliste par conformisme, saluant le Camus de *L'Étranger* avant de faire la leçon à celui de *La Peste*, il resta, par vents, modes et marée, un intellectuel obsédé par la possibilité d'une bévue, d'un *new look* validé avec retard ou d'une audace estampillée par un collègue dégainant plus vite que lui. Cette vaste comédie l'avait diverti. Mais depuis la mort de *maman*, il n'avait plus la tête ni le cœur à traîner dans ces vieux sentiers.

Méritait-il, à ses propres yeux, la gloire qu'il avait su conquérir sous le feu nourri des conservatismes universitaires ? Son apothéose du Collège de France suffisait-elle à effacer ses complexes d'amateur en face de savants tels que Lévi-Strauss ou Dumézil ? Son œuvre tenait-elle la route ? Arriverait-il, un jour, à écrire cette *Vita Nova* à la Proust, passant ainsi de l'essai à la littérature, de Saussure à Schumann, du concept au sentiment ?

Je lui rendais souvent visite rue Servandoni, en fin de journée, et nous bavardions dans sa cuisine autour d'une bouteille de vin de Cahors. Au début, j'avais cru devoir présenter mes lettres de créances diplomatiques en invoquant Roman Jakobson, Bataille, Heidegger, Charles Fourier et autres incontournables du moment mais je compris bien vite qu'en agissant ainsi, je m'adressais sans le savoir à un Barthes qui n'existait presque plus. Il avait plutôt envie de connaître mon sentiment sur Robert de Saint-Loup, Swann, Oriane de Guermantes, la baronne Putbus ou la Félicité de Flaubert qui, d'ailleurs, ressemblait comme une sœur à la dame charmante et silencieusement affairée qui tenait son ménage.

Contre toute attente, Chateaubriand, dont il venait de préfacer la *Vie de Rancé*, devint bientôt le principal sujet de nos conversations. Oui, Chateaubriand… Comment était-ce possible ? Que venait faire ce réactionnaire, certes grand styliste, mais tout de même, dans la cuisine d'un progressiste ami des Avenirs Radieux ? La *cancel culture*, qui n'existait pas encore, n'était pourtant pas loin, comme l'esprit soixante-huitard, qui avait relégué le très désuet vicomte breton dans un purgatoire déjà arrosé par l'urine sartrienne. Or, RB – ce double de Barthes, son ombre tremblée et sentimentale – aimait, vénérait, l'auteur « grave et profond » des *Mémoires d'outre-tombe*, qu'il lisait et relisait dès qu'on lui permettait d'être libre de ses amours interdites, et dont il parlait comme s'il s'agissait de son « quatrième intime », après Proust, Michelet et Schumann. Il me confia, un peu honteux, qu'il se précipitait chaque soir sur ce livre magique après s'être assuré que personne ne viendrait le surprendre dans ce commerce politiquement douteux. « N'est-ce pas d'une beauté inconcevable ? À couper le souffle… » se demandait-il à lui-même après m'avoir lu une page, puis une autre, et encore… Ce livre l'aspirait. Il s'y jetait tout entier. S'y réchauffait le sang et l'âme après son long régime à base de paroles gelées par *le degré zéro* de l'écriture.

S'accordant enfin le droit d'être lui-même, il mit toute sa coquetterie dans une fameuse volte rhétorique qui fit scandale : « Tout à coup, il m'est devenu indifférent de ne pas être moderne. » L'auteur du *Génie du christianisme* était venu à son secours sur le chemin de Combourg. Et si cet homme, me disais-je, si cet augure sémiologue admet aussi franchement que la littérature peut encore avoir le souci de la beauté et des émotions, si un esprit de farouche avant-garde consent à ce que les affects et la psychologie aient dans nos vies une place aussi importante que les superstructures ou le matérialisme dialectique, cela me donnait le droit d'aimer les grands romans dont, par soumission à l'air du temps, je me méfiais. Celui qui m'y autorisait n'était autre que le maître au nom duquel on avait banni ce qui me revenait soudain à travers lui.

« … *écrit là-haut* »

Pour qui tente de trouver son bon chemin dans les labyrinthes romanesques, et qui ne sait s'il doit en appeler au degré zéro ou à la marquise-de-cinq-heures, rien n'est plus élégant, plus désinvolte, plus glorieusement simplificateur, et utile, que les premières lignes de *Jacques le Fataliste et son maître*. Des lignes sacrées et évidentes. Parfaites. Le meilleur programme qui soit pour tout apprenti narrateur. Soit donc cette théorie définitive du roman en soixante-cinq mots :

> « *Comment s'étaient-ils rencontrés ? Par hasard, comme tout le monde… Comment s'appelaient-ils ? Que vous importe… D'où venaient-ils ? Du lieu le plus prochain… Où allaient-ils ? Est-ce que l'on sait où l'on va ? Que disaient-ils ? Le maître ne disait rien et Jacques disait que son capitaine disait que tout ce qui nous arrive de bien et de mal ici-bas était écrit là-haut…* »

… et ces soixante-cinq mots, qui enjambent les grandes scènes d'exposition, disent l'essentiel. Ils taillent dans le vif. Dispensent des pesanteurs décoratives et narratives. Allègent la *mise en scène*. Il n'y a qu'à les suivre, ces mots, leur obéir, se soumettre à leur son de nécessité.

Ce qu'ils m'ont appris : un livre vrai s'écrit comme on met un pied devant l'autre, comme on respire-expire sans y penser. Il suffit de tenir la bride courte à celui qui murmure à l'oreille de l'éventuel lecteur. De déblayer le terrain sur lequel il s'engage. De le mettre en face de la réalité la plus sincère. Et si l'on avance d'un pas franc, d'un pas respectueux de la seule nécessité, de l'urgence à raconter, on peut inventer, imaginer, digresser à sa guise – sans se priver de commencer par la suite lors même qu'on n'est pas satisfait du commencement. Chaque mot, s'il est ajusté, pourra alors être aussi frais qu'un caillou ramassé au fond d'une rivière.

Dictionnaire

Je n'ai rencontré Georges Perec qu'une seule fois, chez un ami qui habitait dans une tour proche de la porte d'Orléans. Sympathie immédiate pour cet homme facétieux dont je n'avais alors presque rien lu. Étonnement devant son éloquence précise et envahie de mots rares qu'il articulait avec la lenteur d'un gastronome attentif à ce qui se remue autour de sa langue et glisse sur ses lèvres. Son visage de lutin rieur était surmonté d'une touffe de crin rare et noir tandis qu'une généalogie peu soucieuse de belle apparence avait semé verrues, rougeurs et grains de beauté sur sa peau d'une extrême pâleur.

Quand, quittant cette réunion après quelques heures de bavardages lourds de conséquences pour l'avenir de l'Occident et de l'humanité – il s'agissait de fonder une nouvelle revue, comme il en naissait alors une dizaine par mois. Celle-ci devait s'appeler *Cause Commune* et vécut pendant deux numéros –, nous nous retrouvâmes, lui et moi, dans l'ascenseur, et pendant le trajet qui dura une longue quinzaine de secondes, il me fit une déclaration que je n'oublierai jamais :

« Vous savez, jeune homme, ce qu'il faudrait, dans la vie, c'est écrire ou prononcer au moins une fois chaque mot du dictionnaire… Ce serait la moindre des choses, vous ne croyez pas ? Car les mots, voyez-vous, se refroidissent et risquent de s'éteindre si on ne se soucie pas d'entretenir leur feu originel grâce à la voix et au souffle… »

Arrivés au rez-de-chaussée, il me serra vigoureusement la main en me souhaitant une belle soirée et en ajoutant sur un ton énigmatique « je compte sur vous », puis il disparut dans la foule qui grouillait sur le boulevard.

Ce matin, en souvenir de cette circonstance, j'ai écrit pour la première fois le mot « ensemencer » ; hier, j'ai prononcé le mot « purpurin » qui, jusque-là, ne s'était jamais approché de moi. Demain, je recommencerai avec « sargasse » ou « hallucinogène », et ainsi de suite, en l'honneur de cette intimité brévissime, et afin de me persuader que j'appartiens à un *Je me souviens* de Perec tout hanté par son visage de lutin, sa crête et sa recommandation d'ascenseur.

En son honneur, je prononce à cet instant, et sans nécessité, le mot « linéament » – ignorant au juste pourquoi, ou par quel mystère onomastique, ces quatre syllabes de faible utilité, chevauchant une zone de mémoire proche de la porte d'Orléans, ont obscurément circulé sur un océan de sons avant de parvenir jusqu'à moi.

Inconscience de classe

C'est Florence Malraux (dont je suis si heureux d'écrire le nom, de convoquer le gracieux visage, la voix, la frimousse de jeune fille, la bienveillance, la lumière douce et toujours romanesque) qui avait intrigué afin que je puisse devenir membre du club *hyper select* des amis de Françoise Sagan – sa sœur d'esprit, son sosie physique et moral.

Florence lui avait dit que j'aimais Proust, que je l'aimais *sérieusement*, et ce simple passeport m'avait valu une sympathie de principe tant Marcel était l'intime, le modèle, l'idéal, le premier complice de celle qui avait choisi son pseudonyme en découvrant, dans *Un amour de Swann*, la très brève apparition d'un prince de Sagan, virtuose de la révérence et du salut avec chapeau :

« … le prince de Sagan (…) adressa à Odette un grand salut théâtral et comme allégorique où s'amplifiait toute la chevaleresque courtoisie du grand seigneur inclinant son respect devant la Femme, fût-elle incarnée en une femme que sa mère ou sa sœur ne pourraient pas fréquenter… »

Dès notre première rencontre, elle avait tout de même procédé à quelques vérifications :

— Quel est le prénom de Mme Verdurin ?

Par chance, je m'en souvenais d'autant mieux que j'avais eu jadis une lointaine cousine prénommée Sidonie. Cela m'avait valu sur-le-champ le titre d'éminent marcellien dans l'estime de Françoise, qui s'était attribué à elle-même, et à juste titre, un grade insurpassable.

— Et, dans la *Recherche*, reprit-elle, quel est le lien de parenté entre le prince de Viareggio et le damoiseau de Montargis ?

— Il s'agit de la même personne, répondis-je fièrement, puisque ce sont là deux des titres du baron de Charlus – qui n'en fait jamais usage, sauf s'il doit « voyager incognito ».

En s'excusant, elle osa une troisième vérification :

— Pourquoi Marcel écrit-il toujours « Petite Madeleine » avec un « P » et un « M » majuscules ?

— Parce que cela lui permet d'inscrire les initiales de Proust Marcel à l'intérieur de son œuvre… C'est un peu la signature du peintre à l'intérieur de son tableau… Vous savez certainement qu'aucun des deux ou trois cents traducteurs de Proust n'est parvenu à restituer cette *private joke* dans une langue étrangère…

Il n'en fallut pas davantage. Mes réponses, comme un *habeas corpus* certifié en Haut Lieu, garantissaient mon droit de séjour dans cette Saganie où Proust et ses créatures servaient de mot de passe à toute une société de noctambules amis du jazz, du whisky, des casinos et des bains de mer. Cela valait d'ailleurs aux Saganiens de souche et aux nouveaux élus toutes sortes de bénéfices quasi médicaux dont on pouvait tirer grand profit. À chaque tourment de cœur, de corps ou d'esprit (il n'en manquait pas dans ce royaume aussi sentimental qu'alcoolisé) correspondait une ordonnance :

— Tu as du chagrin, mon minou ? Elle (ou il) est parti(e) et tu souffres ? Eh bien, ça sera trois pages d'*Albertine disparue*, matin, midi et soir pendant une semaine…

Sagan variait cependant ses médecines. En cas de simple mélancolie ou d'une douleur d'amour-propre, la lecture quotidienne des derniers chapitres de *L'Éducation sentimentale* faisait l'affaire… Aucune dépression ne devait résister à une injection du Fitzgerald de *Tendre est la nuit*… En cas d'insomnie, on avait recours à Musil, à Saint-Simon ou au *Journal* de Kafka et, pour une exaltation déraisonnable accompagnée de maux d'estomac ou de tachycardie, on prescrivait d'urgence le dernier acte de *La Cerisaie*.

— Tchekhov est aussi efficace que le Palfium pour calmer les douleurs d'ambition ou de vanité, affirmait-elle. C'est aussi un excellent remède contre la panique qui nous saisit parfois devant le temps qui passe…

De ces échanges médico-littéraires, j'ai conservé l'idée-illusion que la bonne littérature pouvait guérir de tout. Et que chaque bibliothèque est une pharmacie. Merci Françoise.

Depuis qu'elle n'est plus là, on a enfin le droit de lire ses romans sans se croire obligé de brandir, pour l'ambiance, sa panoplie d'excès, de bolides, de drogues, de casinos… Pas besoin non plus de se brouiller le jugement avec les essaims de *people* qui firent le fond sonore de son existence charmante, quoique millésimée… Des amateurs lucides n'avaient pas manqué, de son vivant, de flatter Sagan, de la hisser jusqu'au niveau d'un Tennessee Williams *frenchie*, d'une Carson McCullers tropézienne, mais elle n'avait pas besoin d'être surclassée. À la bourse des réputations, on peut même miser sur la gloire posthume d'une écrivaine trop précocement devenue *personnage* – et qui, au demeurant, se fichait pas mal de sa longévité d'outre-tombe.

Quelques années ont passé depuis que *notre jeune fille* a plié bagage. Et quelques années, c'est le demi-fond de la postérité. Pas encore la grande et solennelle survie littéraire. Mais déjà davantage que le froufrou des scandales et des modes. Il est désormais permis de compter les rides éventuelles d'une prose qui jusque-là vibrait au diapason de son décor sociologique.

Or, cette prose reste ferme, intacte, bien timbrée. Très suave. Avec ses femmes mûres et déçues par l'amour… Avec ses gigolos qui se font offrir des montres de luxe et des chevaux de course… Avec ses cossus chalets alpins, son champagne frappé, ses désœuvrés, ses cures de *rehab* dans de coûteux instituts helvétiques… Qui oserait, chez nos modernes, mettre tant de riches, tant de beaux quartiers, dans un *casting* romanesque ? Et tant de voyages en première classe ou d'épaisses moquettes sur lesquelles des robes couture s'affalent dans un bruissement soyeux ? L'imprudent qui convoquerait aujourd'hui un tel décor, de tels accessoires, se verrait aussitôt disqualifié par les chiens de garde qui veillent sur le bon traitement de la « question sociale » ou de « la domination patriarcale ».

Par chance, la petite Françoise, en proustienne aguerrie, ne craignait ni les snobs, ni les princes, ni les marquises qui sortent en fin d'après-midi. Inspirée et aspirée par son ange Marcel, elle ne s'en remettait pas à la sociologie pour peindre les tremblements de l'âme, ni à un progressisme de circonstance pour fustiger le Mal. Cela pourrait s'appeler *l'inconscience de classe.* Et c'est ce genre de défaut qui lui permit d'écrire des livres qui tiennent encore la route. Les écrivains progressistes d'aujourd'hui devraient se le tenir pour dit.

À cette première évidence, s'ajoute le fait que Sagan reste ultramoderne à force d'amoralisme tranquille. Ses héros, et d'abord ses héroïnes, dignes héritières d'Albertine, trahissent, transgressent, trichent, mentent – surtout dans l'ordre de la passion. Car le Mal, suggère-t-elle, n'est jamais dans les corps. Mieux vaut le débusquer dans la peur, la vanité, la jalousie, l'avarice. Et cette morale-là tient sérieusement la route.

Formellement, Sagan est une néo-classique audacieuse. Des phrases courtes qui respirent bien. Un usage irréprochable de l'imparfait qui lisse le temps enfui. Avec, ici et là, des paris d'autofiction et de narrations multiples qui lui vaudront un jour thèses et colloques.

Ai-je déjà précisé que, pour l'instant, elle est la seule femme qui figure sur mon Mur Sacré ? Quand je croise son regard, j'y lis son impatience à être rejointe par quelques amies chères. Ava Gardner ? Virginia Woolf ? Colette ? Zelda ou Ella Fitzgerald ? Madame de Lafayette ? Impossible, pour l'instant, de deviner le nom de l'amie qu'elle me réclame.

Miette muette

Impossible de convoquer Sagan sans que Florence Malraux surgisse aussitôt. À sa manière de grande discrète. Avec ses murmures, ses pas de colombe, ses chemisiers de soie retenus par une broche qui avait appartenu à Josette Clotis. Il y avait aussi, brillants et fiévreux, ses yeux cernés d'où jaillissaient parfois, comme d'un palimpseste, le visage et le regard de son illustre père.

Avec elle, à chacune de nos rencontres (elle préférait les restaurants d'hôtel, plus cosmopolites, qui donnent l'impression d'être en voyage), ça commençait toujours par les romans.

Il y avait les écrivains qu'on appelait par leur prénom (Milan, Bernard, Jean, Marcel, Françoise…) et ceux, moins bien placés dans son cœur, qui n'avaient droit qu'à leur patronyme (Sollers, Le Clézio, Modiano, Drieu, Cortázar, Genet…). Chaque fois, ils y passaient tous.

Elle appelait ce rituel « la revue des effectifs », comme à la caserne. Pas question de n'avoir pas lu. Ni de ne pas lire ce qui avait séduit l'autre. Car les romans, c'était la vraie vie de Florence. Et, puisque c'était aussi la mienne, on se comprenait facilement.

Après, c'était inévitable, on revenait à nos valeurs sûres : et elle me détaillait, avec son éternelle et sublime délicatesse, les grands épisodes de son épopée intime.

Quand Hemingway, par exemple, avait voulu l'adopter, sans doute parce qu'il détestait Malraux à cause d'un différend datant de la guerre d'Espagne, et n'aurait pas été fâché de lui piquer sa fille. Ou comment Malraux, qu'elle n'appelait jamais papa, et alors qu'il était un quasi-inconnu pour la petite Flo, passa la prendre en 1946 (traction avant ministérielle, gyrophare, garde du corps, etc.) devant la gare Saint-Lazare, avant d'entamer avec elle, sans un baiser, sans un bonjour, la conversation suivante :

— Que lisez-vous en ce moment ?

— *Les Frères Karamazov*.

— Ah, très bien ! Nous aurons donc un sujet de conversation…

Ou, mieux encore, quand, longtemps après, elle lui avait annoncé son mariage très anonyme avec Alain Resnais (deux témoins trouvés dans une rue de New York, puis un déjeuner en tête à tête au Carlyle) : « Dommage, à Paris, j'aurais pu vous obtenir la Madeleine… »

Il y avait eu aussi ce demi-comprimé – de quoi ? – qu'elle avait trouvé sur sa table de chevet à la clinique, le lendemain de la mort de son père. Elle me l'a montré comme une sainte relique. L'autre moitié avait donc été la dernière chose avalée par l'agonisant. Finalement elle l'a offerte à un ami, mon rival dans le cœur de Florence. Ça m'avait paru franchement injuste, mais l'orgueil m'avait interdit de me plaindre. J'avoue que je n'ai jamais été plus jaloux.

Entre elle et moi, pendant nos déjeuners divinement interminables, on en arrivait toujours à la même conclusion : « Vous savez, cher JP, il n'y a que la littérature dans la vie… Vous êtes de mon avis, n'est-ce pas ? » Oui, j'étais de son avis… Et elle ajoutait aussitôt : « Avec l'amour… Surtout, ne pas oublier l'amour… D'ailleurs, l'amour et la littérature, quelle différence ? »

Ah, j'aimais tellement quand Florence me parlait d'amour ! De ses amours. Des amours fameuses ou anonymes… Ses yeux brillaient. Et il était facile de comprendre que l'amour, ça avait compté dans sa vie.

Je n'osais pas lui poser des questions trop précises (du genre : s'est-il passé quelque chose entre vous et… ?) mais, parfois, une confidence se faufilait à travers les murs si épais de sa pudeur. On me faisait jurer de n'en rien répéter – et je jurais. En revanche, elle était avide de savoir où j'en étais avec F, avec I, avec V. Elle me conseillait. Me dissuadait. M'encourageait. Elle exigeait des détails. Elle avait le droit.

Avec elle, c'était toujours la médecine-Sagan, surtout avec les grands chagrins de cœur, et seuls variaient les auteurs prescrits. Proust était toujours incontournable, avec Tchekhov et Fitzgerald. Mais il y avait d'autres remèdes dans sa pharmacie : Shakespeare, Valéry, Pierre Jean Jouve, Catherine Pozzi, et quelques autres, tous agrégés dans l'ordre des sentiments. Pour finir, si je souffrais vraiment d'un chagrin d'amour, elle me conseillait presque de ne pas guérir : « Bon, cher JP, si vous souffrez à ce point à cause d'une écervelée, ça veut dire que vous êtes vivant... Vous ne voulez pas renoncer à votre vie, non ? Vous pourriez guérir, mais je vous conseille de garder cette maladie-là... Croyez-moi, les vrais malades sont ceux qui ne souffrent plus d'un chagrin d'amour... »

Cette femme, ma Florence, était un miracle, je le lui disais, elle rougissait. Et je le lui écrivais chaque fois que je passais par Firenze, la ville où elle avait été conçue. Elle aimait bien mes *postcards*. Je crois qu'elle les conservait. Où sont-elles désormais ?

Et puis, soudain – c'était lors d'une cérémonie à l'Institut du monde arabe –, elle m'avait parlé avec une voix brisée. Certes, ses yeux brillaient toujours. Et sa tendresse vigilante, ses belles phrases, son humour étaient bien là, mais étrangement enveloppés dans une voix nouvelle, étranglée, douloureuse. Aucune question. Florence savait que je m'inquiétais, que je ne demanderais aucune précision, ma retenue l'amusait, elle me faisait un clin d'œil pour me signifier qu'elle avait compris que j'avais compris.

La sale maladie s'approchait. Nous avions le même médecin, que j'interrogeai immédiatement et qui refusa évidemment de me répondre.

À partir de cet instant, nous avons communiqué exclusivement par SMS. J'en reproduirai ici quelques-uns, en retenant mes larmes :

« Ce Macron, quelle chance il a ! » (20 mai 2017, à 3 h du matin)

« J'aime bien l'automne, j'aime pas ma maladie » (9 octobre 2017, 4 h du matin)

« La fin ? Pas envie » (15 octobre 2017, minuit)

« Cher JP, maintenant, je suis plus KO que OK… Je vous embrasse, je suis une miette… » (16 mars 2018, minuit)

« Oui, une miette » (20 mars 2018, 18 h)

Après, il y eut encore quelques mails, puis plus rien.

L'un d'entre eux était signé : « la Miette muette ».

Elle me souhaitait d'être heureux.

Et me disait – je m'en doutais – que nous ne nous reverrions plus.

J'étais à Buenos Aires, dans le quartier de la Recoleta, quand son médecin qui était aussi mon ami (« un saint », disait-elle) m'a annoncé que c'était fini. Elle n'avait pas souffert. Elle était partie en souriant.

Connaissait-elle l'Argentine ?

Je ne sais plus.

Ce que j'ai fait ce jour-là en pensant à elle ?

Un secret.

Rêve-Paris-est-une fête

Assoupissement du matin après une nuit très blanche. Sérénité bienvenue dans le refuge de la rue paisible. Le tapis volant qui fait face à mon bureau m'emporte aussitôt vers les ailleurs exotiques qui grouillent dans les sommeils rapides d'avant midi. Je flotte. J'avance entre deux mondes. Douceur. Chemin de crête. Équilibre précaire. Ça va durer quelques minutes à peine, peut-être une seule seconde. Funambule de moi-même, je laisse ce bien-être m'envahir et me projeter où bon lui plaît.

Cette fois, il me transporte à la terrasse d'un café, du côté de Montparnasse, dans une foule de jeunes gens parmi lesquels je reconnais Gertrude Stein et Ezra Pound qui viennent de s'échapper des pages de *Paris est une fête*. Ils sont fringants, sympathiques, leur début d'ébriété s'accompagne d'un adorable babil franco-américain qui tinte en roucoulement. Plus loin, j'aperçois Albert Camus, très souriant lui aussi. Il bavarde avec Guillaume Apollinaire – qui m'encourage à intituler le livre que j'écris *Je me retournerai souvent.* « Ça te portera chance », ajoute-t-il.

Ces deux-là ne font pas partie de la bande américaine mais semblent la considérer avec curiosité. Camus s'approche de moi et me demande si je veux l'accompagner à la plage. « J'ai besoin d'un bon bain de mer », me dit-il… « Et si nous y allions ensemble ? Après tout, nous habitons au même endroit, n'est-ce pas ? » Puis il me propose une cigarette que j'accepte car je ne me souviens plus que j'ai arrêté de fumer depuis vingt ans. Dans les rêves, on perd toujours la mémoire. C'est le seul reproche que je leur fais.

Style, distillation, distylation

Style : du latin stilus (« tige de plante », « poinçon », « stylet pour écrire ») qui a donné « stylus » – par faux rapprochement avec le grec ancien στῦλος, stŷlos (« colonne, pilier »)

— S'il n'avait tenu qu'à moi, j'aurais volontiers jeté par-dessus bord ma façon d'écrire…

— *Que voulez-vous dire ?*

— J'ai toujours envié les écrivains équipés d'un style baroque, ample, avec cymbales, cuivres et orchestre polyphonique… J'aurais aimé être expert en puissantes harmonies digressives, être capable de composer des chapitres tout en bruits et fureurs, avec la description de grandes batailles, une ambiance de poussière, de boue, avec zooms sur le grain d'une peau et travellings sur des houppelandes de cosaques ou autres naseaux fumants… J'aurais voulu brasser des fresques parfaitement colorisées, des mythes, des corps piétinés, des pans d'histoire brûlante…

— *En finir avec la psychologie ?*

— Oui, oui… Sauf si c'est indispensable, et encore… Ah, décrire un guerrier ou aventurier en plein effort, avec les rides de son front « semblables à la risée qui vient froisser le calme d'un lac » !

— *Mais c'est un effroyable cliché...*

— En effet ! D'ailleurs, j'aurais aimé ne pas avoir peur des clichés ! Ni des fautes de goût ! Ni des métaphores douteuses ! Et ça m'aurait bien plu de ressembler à ces écrivains qui, selon l'excellent conseil d'Ernest Hemingway, « savent écrire comme Cézanne peint » – sans retenue ni contention... Qui manient une prose débordante, en magma, en lave, une prose qui dévore le monde plutôt que de s'en emparer à l'aide de pincettes et de bonnes manières... Mon idéal sonore, c'est la prose-vacarme, le crescendo lyrique, alors que je ne dispose par nature que d'un organe plutôt précieux de timbre... Ce que j'aurais aimé, voyez-vous, c'est faire advenir ce moment merveilleux quand, soudain, la langue dans laquelle on écrit donne enfin un signe de vie...

— *Rien ne vous empêche d'essayer...*

— Trop tard ! Trop tard ! Mon terrain d'action, c'est le moi-je, moi-je et ses alentours, avec quelques audaces du côté de la miniature sentimentalo-psychique...

— *Vous n'avez qu'à changer de style, et le reste suivra...*

— Détrompez-vous... Le style, ça ne se choisit pas, ça tombe dessus comme une fatalité, un patronyme, un tempérament... C'est une musique intérieure à vous seul attribuée... Le style c'est le vrai patron de la langue, donc de la pensée, c'est lui qui sculpte en amont les choses, les idées, les ambiances... Faut se soumettre... La plupart des gens ignorent ça... Ils croient qu'on est seul à décider de la façon dont on va orchestrer sa partition…

— *Mais alors, qui décide ?*

— Tout se trame dans la coulisse mentale, dans la zone la plus intime de l'être, du côté de l'inconscient, de ce qui nous empoigne en secret, et qui s'incorpore d'emblée à la pensée, à l'objet décrit… Impossible de tricher avec ça… Le style, c'est la façon que l'âme-corps a choisie pour lâcher sa vibration la plus sincère…

— *« Le style, c'est l'homme » ! Il me semble que cela a été beaucoup dit…*

— Certes, mais dans les cas intéressants, c'est plus compliqué… Avec son diagnostic définitif, l'auteur auquel vous faites allusion – je me demande d'ailleurs de quelle légitimité s'autorisait un éminent zoologiste au sujet de la bonne prose… En d'autres termes : de quoi se mêlait-il ? – affirme que l'homme se peint lui-même par sa manière d'écrire… Or, j'ai l'impression, moi, que le style dont je me sers n'est pas celui auquel j'aspire… Qu'il n'exprime pas celui que je suis véritablement…

— *Expliquez-vous…*

— Eh bien, j'écris comme un petit marquis équipé de syntaxes honorables et convenables alors que, dans mon tréfonds, je rêve de partitions imparfaites, négligées, en désordre, dont l'efficacité ne provient pas du détail, mais de l'ensemble… J'aurais voulu, pour parler franchement, appartenir à la race des écrivains d'amplitude qui restent fidèles à leur rythme intérieur tout en négligeant ce qui embellit localement… Or, ça, je ne sais pas faire…

— *Hemingway, Tolstoï, Balzac…*

— Oui, dans ce coin-là, du côté des Russes, des Américains, et même des latinos baroques, cinématographiques pourquoi pas… Sans oublier Victor Hugo et sa bande de démiurges… Ah, être un écrivain du genre force-qui-va, peu soucieux du bien-dire mais attentif au souffle, aux éléments en furie, aux cieux dont les nuages sont déchirés par une main en colère…

— *Vous n'avez jamais osé ?*

— La peur m'en a empêché… Oui, la peur ! Celle qui fige, qui étouffe les sons qu'on a à l'intérieur de la poitrine, qui oblige à se rabattre sur le cérébral… C'est comme ça que j'ai capitulé devant un style inverse à celui auquel j'aspire… Regardez comme je m'applique ! Comme je sculpte et pourlèche avec soin mes jolies petites phrases qui se dandinent ! On dirait un miniaturiste, un ami de l'infime, ouvrageant la troisième phalange de l'annulaire d'une figurine bien nichée au fond d'un paysage tenant tout entier sur l'ongle d'une fée… Ce que mon style exprime le mieux, c'est ma peur d'y aller franchement…

— *Soit, mais comment vous y prenez-vous quand vous arrivez dans votre « refuge » et que vous avez envie d'écrire quelque chose ?*

— Je commence par lâcher sur ma page la plus grande quantité de mots, d'images, de paysages, de sensations, d'émotions qui se frayent un chemin à travers mon cœur et ma peau… Ça donne, les bons jours, une quinzaine de pages environ, toutes spontanées, en ébullition épidermique ou mentale… Puis la peur me prend, je tente de surnager au-dessus de ce premier océan et, par amputations successives, je passe de cette quinzaine de pages à deux ou trois... Et je vais encore plus loin si possible... Je laisse reposer, j'attends que les adjectifs en surplus s'évaporent, que le gras rhétorique s'élimine de lui-même, puis je reprends l'affaire, inlassablement, et je distille encore, je sèche mes pages jusqu'à l'évaporation maximale... Une tonne de pommes de terre pour un seul verre de vodka... Style, distillation...

— *Distylation...*

— ... C'est exactement ça... À l'arrivée, la spontanéité a disparu... À la place, une prose sanglée, amidonnée, chantournée, à des années-lumière de ce qui bouillonnait et débordait au commencement du processus... Et sans cette spontanéité, la sincérité s'éloigne, prend une tournure abstraite... C'est ce qui afflige mes livres de l'air contrit et vaguement coincé qui me déplaît dès que je me relis...

— *Vous arrive-t-il d'être parfois satisfait à la fin de vos distylations ?*

— Oui et non... Je sais que j'ai fait de mon mieux... J'ai fait ce que je sais faire... Une composition honnête, cristalline dans le meilleur des cas... Je n'ai pas triché avec mon instrument... Mais je garde la nostalgie de l'écrivain profus et bien bâillonné qui hurle en silence à l'intérieur de moi.

Madame de...

J'étais arrivé à Verrières-le-Buisson un dimanche après-midi dans la Triumph décapotable de Guy Dumur, un aîné délicieux qui faisait alors mon éducation littéraire et parisienne. Guy était amusant, snob, lettré, généreux. Il était également très fier, à juste titre, de sa réputation de critique théâtral incontournable pour qui voulait rameuter un public aveuglement soumis à ses verdicts. En ce début d'automne, Guy avait assorti son foulard et ses tweeds aux coloris marron glacé de son petit bolide anglais.

Il devait rendre visite à Louise de Vilmorin qui envisageait d'adapter pour la scène le *Orlando* de Virginia Woolf et m'avait proposé de l'accompagner :

— Ça vous amusera... Louise est un monument national, elle adore les jeunes gens... Elle vous permettra sans doute de l'appeler Loulou mais n'en faites rien car elle finirait par vous le reprocher...

Une heure plus tard, nous pénétrions discrètement dans le légendaire « salon bleu » qui avait vu défiler quelques rois et la plupart des Républiques. Il y flottait une odeur de feuilles mortes mêlée à celle, plus cossue, des cigares réservés aux hommes importants qui, dans une pièce voisine, parlaient haut en revenant de la chasse. De tous côtés, une ambiance de satisfaction, d'entre-soi, d'éternité instable.

Je n'avais pas lu une seule ligne de celle que les journaux appelaient Marilyn Malraux depuis son *revenez-y* d'après-guerre avec le barde gaulliste. J'ignorais tout de ses ancêtres commerçants en graines, semis et bulbes – qui comptaient, vus d'avion, parmi les plus grands peintres sans pinceau du paysage français – ainsi que de son passé aventureux entre maris américains, « fiancés pour rire », châteaux hongrois, ambassades anglaises, sans oublier quelques mâles toujours riches ou influents. La vie me proposait, ce dimanche-là, un chapitre civilisé et joliment français.

Car la reine Louise, alias Loulou, avait le génie du bavardage, même en ses ultimes saisons où tout se fanait dans son royaume, à l'exception de son esprit crépitant. Chacune de ses phrases, telles qu'elles me parvinrent pour la première fois, se jetait en l'air, promettait vertiges ou paradoxes, jonglait en altitude avec sourires, *gossips*, blagues de charretier, jeux de mots, sans jamais retomber dans la trivialité des choses. Ses idées fusaient, s'entrechoquaient, mêlaient le raffinement à la gouaille, à la faveur d'un aplomb que je ne retrouverais que bien des années plus tard, atténué, chez une Edmonde Charles-Roux – qui lui ressemblait tant grâce au foulard-chignon-rang-de-perles dont, bien qu'aristocrate délurée, elle s'était fait un blason.

Cette race de femmes *conversationnistes*, perchées entre l'actrice Arletty et la princesse Palatine, n'existe plus. Elles régnaient pourtant au Grand Siècle, avant d'être lentement englouties par l'âge moderne et les féminismes qui enjoignent aux femmes – mais pourquoi ? – de renoncer à leurs meilleures armes.

Plus que tout, j'avais été d'emblée fasciné par la voix de Louise. On y entendait, outre ses mots bien taillés, chaque signe de ponctuation – du tiret aux points de suspension ou à la parenthèse, et même jusqu'au point-virgule qui d'ordinaire marquait une pause, voire un silence légèrement audible, dans sa parole toujours emballée. Elle me précisera d'ailleurs que la ponctuation était pour elle une alliée de première importance : « Quand je ne sais plus quoi écrire, je jette des points et des “petites verges” (c'est la traduction exacte de *virgula*, la virgule) sur ma page, et les mots viennent s'y placer tout seuls… Depuis que je boite, je suis experte en béquilles et celles-ci, discrètement esquissées, me sont bien précieuses… »

En chemin, Guy m'avait en effet parlé de la claudication terriblement sexy de notre hôtesse (« Oui, je fais la révérence à chaque pas », m'avait-elle avoué d'emblée) et instruit de ses amusantes holorimes (« je t'enlacerai, tu t'en lasseras… », « je t'aimerai toujours ce soir… »), de son goût pour les trèfles à quatre feuilles, de Guillaume son coiffeur-confident (« le seul homme auquel elle ait jamais obéi »). Il me révéla aussi que « Loulou », qui inventait joliment son érudition, lui avait appris qu'un « Leporello » est un livre bref écrit sur une seule feuille pliée en accordéon, sans doute à cause du parchemin des *mille e tre* que ledit Leporello déplie devant Don Juan.

Malraux, son meilleur trophée, son sceptre de fin de carrière, avait comparé *sa* Louise à l'immense Louise Labé. Nimier avait fait semblant de vouloir mourir à ses pieds. Orson Welles croyait qu'elle était au moins une prétendante au trône de Bulgarie ou du Monténégro. Mais *Madame de…*, elle, se contentait d'être toujours *in the mood*, de « rassembler ses bataillons » pour réussir quelque ultime assaut de charme, afin de supporter sa trop pesante réputation de légèreté – sans oublier, par habitude, de se déguiser en feu d'artifice à l'heure des cocktails.

Ma première impression : Louise-Loulou était une femme intranquille et furieuse contre le temps. De celles qui fuient sans cesse leur solitude sans jamais parvenir à lui fausser compagnie.

Je me souviens que Guy, un habitué du fameux salon, avait été surpris par le dossier de certains fauteuils où l'on distinguait plusieurs nuances de bleu, comme si l'on avait voulu mélanger les écheveaux de laine en allant du céladon à l'aigue-marine, du turquoise à l'indigo. Était-ce là une audace de décorateur ? Un hommage à Matisse ou à Cocteau ? On le détrompa : « le plus ancien de nos maîtres d'hôtel a la responsabilité de ces fauteuils, lâcha-t-elle dans un éclat de rire très respectueux, mais sa vue baisse avec l'âge, et il serait inconvenant, n'est-ce pas, de le lui faire remarquer… »

Plus de vingt ans après cette première et unique rencontre, j'ai encore voulu saluer Mme de Vilmorin dans le petit cimetière de Verrières.

Sur sa tombe, une épitaphe disait simplement « Au secours ! ». C'était une indication, presque un conseil. Ou une sagesse scandalisée. Comme si la panique, qui avait probablement été l'élément naturel de *Madame de…* au cours de sa vie sociale et intime, et qui était peut-être négociable du temps qu'elle existait, devenait, dans le néant, une malédiction douloureuse et sans appel.

Psychologie de la ponctuation

« Pour moi, la plus belle fille du monde ne vaut pas une virgule mise à sa place. »

Flaubert

Madame de… avait raison : la ponctuation est le témoin-complice-ennemi majeur de ce qui s'écrit.

Quelques années après ma visite à Verrières, et en souvenir de sa confidence de professionnelle frivole, je m'étais mis à fréquenter les *Traités* dans lesquels Furetière, Littré ou le méticuleux Drillon explorent ce qu'il convient de savoir sur *l'esprit* de ces parcelles typographiques sans lesquelles le style s'éteint. Et j'en ai conclu…

1 – … que la ponctuation ne se contente pas de baliser un ensemble de phrases, de lui prêter respiration et rythme, mais qu'elle se plaît surtout à l'orchestrer et, ce faisant, à en distribuer le propos, à le prédigérer comme le ferait un suc ou un enzyme, à le sertir avant même que l'auteur ait songé à s'en mêler. Si le style, c'est l'homme, la ponctuation, elle, est l'âme du style.

2 – … que chaque écrivain se doit en conséquence de préciser, sous peine d'amateurisme, les relations spécifiques d'enthousiasme, de confiance, de négligence ou de phobie qu'il entretient avec ces infimes, quoique décisifs, gouverneurs secrets de ses pages.

En ce qui me concerne, et pour n'évoquer que la ponctuation avec laquelle je m'empoigne régulièrement, j'admets entretenir des relations complexes et contradictoires avec…

1 – *Le ou les tirets…*

… qui interrompent la continuité de la phrase en y incluant de force *une phrase dans la phrase*. Par leur aplomb, leur audace à faire irruption, ces deux-là, fussent-ils uniques, me font irrésistiblement penser à l'invité égocentrique qui, au cours d'une réception, réclame un aparté au maître de maison, alors que l'esprit du propos général est requis par la conversation-phrase principale.

On doit ainsi considérer ces cousins abrégés de l'écriture morse comme les plus vaniteux des signes de ponctuation, tant ils s'imaginent que ce qu'ils ont à incruster mérite de l'être, alors qu'on aurait pu s'en aviser sans leur intervention, et à condition que la phrase qu'ils tentent de suspendre ait été bien construite, ou suivie d'une autre plus explicite.

Proust, dont le génie consiste à faire précisément ce qu'il ne faut pas faire, est un fervent adorateur des tirets – mais n'a-t-il pas tous les droits ? D'autant que les tirets, chez lui, ouvrent souvent (et ferment longtemps après, s'ils n'oublient pas de fermer...) des espaces intérieurs qui n'en finissent pas de *creuser*, d'approfondir son propos. La phrase marcellienne, bondissant de tirets en tirets, est une mathématique intérieurement ouverte et extérieurement fermée. Telle est la raison pour laquelle cet accessoire dessine, dans la *Recherche*, une trappe ouverte sur les réalités d'un monde plus souterrain, plus labyrinthique, plus infini, où l'on s'aventure avec la jouissance toujours inquiète d'un explorateur qui ne sait pas jusqu'où il va aller trop loin.

Quant au versant Altenberg-Valéry-Gracq de la littérature, où l'on fait également un usage immodéré du tiret, tout conspire à donner l'impression que le soliloque de ces écrivains, dans leurs proses, se diffracte en plusieurs voix distinctes – ce qui donne des proses chorales souvent lassantes.

À mon modeste rang, j'essaie de me dispenser de cette paire vaniteuse, y compris dans sa version célibataire – sans ignorer pour autant qu'il me faut souvent capituler devant son impérieuse intrusion. Le ou les tirets est, ou sont, toujours plus forts que moi. Je ne peux que le constater avec dépit.

2 – *Les points de suspension...*

Ces trois *punctums* (ou *puncta*) – bien que prisés par les écrivains que Cioran appelait les « charlatans de l'ineffable » – se confondent le plus souvent avec un artifice assez pathétique par lequel l'écrivain-poseur tente d'attirer l'attention sur la subtilité d'une allusion ou sur le *sfumato* d'une remarque.

À cela s'ajoute la posture vaporeuse et fondue-enchaînée, genre *je-n'en-dis-pas-plus,* suggérée par cet étrange bégaiement, devenu le plus théâtral des effets de manche de la rhétorique.

Tchekhov avait pourtant ses raisons de vénérer ces *puncta* qui, dans son théâtre, sont miraculeusement audibles et prolongent la mélancolie de ses créatures. Mais Tchekhov, comme Proust, a tous les droits… Et ses personnages atteignent à l'essence de la dramaturgie ambiante lorsqu'ils se réfugient dans ce suspens typographiquement proclamé.

Il est à noter que Françoise Sagan augmente le titre de son roman *Aimez-vous Brahms..* de *deux* points de suspension au lieu des trois requis. Ce détail est d'autant plus singulier que, vu la tournure de ce titre, on était en droit d'attendre un point d'interrogation. Pourquoi a-telle procédé de la sorte ? Mystère. Françoise voulait-elle affirmer quelque chose d'incertain ? Ouvrir de nouveaux coloris à la palette des émotions et de la conversation ? D'aucuns prétendent qu'il s'agissait d'un hommage subliminal à Léon-Paul Fargue – qui avait une tendresse spéciale pour ces deux points. Comment savoir ? À l'époque, comme la plupart des critiques, je n'avais rien remarqué.

3 – *Les points d'exclamation*

Ceux-là, je les déteste définitivement, et je plaiderais volontiers en faveur de leur disparition – même s'ils sont le seul signe de ponctuation conservé par le merveilleux Apollinaire d'*Alcools.* Ce point d'exclamation est en tout cas le signe le plus pathétique, le plus arrogant, le plus belliqueux. Celui qui renseigne le mieux sur l'écrivain qui en use et en abuse et qui, par cet artifice, avoue qu'il craint de ne pas être entendu ou remarqué.

À force de clamer, de déclamer, d'alerter, de surligner, ces points d'exclamation hérissent la phrase et se dressent sur son parcours comme des poteaux télégraphiques sur une route qui ne mène qu'à de grandes colères ou de grandes indignations…

D'où l'hystérie, la haute tension ou le simple énervement que ce signe ajoute à la phrase, tentant ainsi de compenser l'insuffisance des adjectifs qui le précèdent. C'est une fièvre que les proses hispaniques affectionnent et aggravent car, non contentes de sacrifier à ce poteau télégraphique, elles doublent leur mise en le rajoutant en début de phrase. La littérature locale pourrait en mourir d'énervement ou intoxiquer dangereusement l'esprit du lecteur par excès d'intensité. Disons alors que si la littérature est une tauromachie (Leiris), le point d'exclamation en est la banderille d'imprimerie et parfois la muleta.

4 – *Les italiques…*

… ont toujours évoqué en moi ces clins d'yeux destinés à signaler des subtilités qui, sans leur air penché et tout d'insinuation, auraient pu échapper au lecteur. L'italique dans la phrase remplace le porte-voix, ou plutôt le porte-murmure. C'est le très vaniteux haut-parleur de la confidence. Les freudiens du siècle précédent, ainsi que mes excellents maîtres des *seventies*, adoraient l'italique dès qu'ils conférençaient ou publiaient car c'était là, pour eux, un moyen classique de donner du volume à leurs insignifiances.

5 – *Le point-virgule*

Ce malheureux composite – où le point affirme tandis que la *petite verge* nuance – est abandonné par la plupart, qui préfèrent que l'on ponctue clairement, sans ambiguïté, ce qui est regrettable – car la simultanéité d'action qu'il tente d'exprimer entre deux événements est une nécessité de la pensée et de la description. Il y a pourtant en lui quelque chose de calme et d'apaisé qui se répand comme une lumière douce, comme un fleuve tranquille, dans toutes les séquences qu'il relie. On ne le rencontrera jamais chez le prosateur nerveux ou hyper-tendu. Ni chez le fanatique qui tient à marteler ses convictions. En revanche, il fleurit chez le styliste serein, fluide, minéral. Flaubert encore… C'est aux pieds de ce signe mi-chair mi-poisson, véritable *double bind* des rythmes, auquel je voue un infini respect, que je tiens ici à déposer toute ma gratitude.

L'homme qui ne s'aimait pas

Le calcul, le respect des puissants, le goût de l'influence, combinés à un talent venimeux à son propre endroit, avaient pris racine dans les arrière-pensées de François Nourissier.

Cette façon d'être, si déplaisante qu'elle fût, relevait chez lui d'une seconde nature qui l'avait emporté à l'ancienneté, et peut-être contre une part de lui, sur son caractère ordinaire. Sa voix prudente, tremblante, fuyante, était d'emblée un aveu d'insincérité dont il usait comme d'un bouclier. Quant à son regard, il trahissait une amertume énigmatique qui, à la longue, avait fini par m'attendrir tant elle semblait s'abreuver à un océan de souffrance enfantine, à un inépuisable gisement de déceptions.

Son style alternait, selon son propre lexique, des « phrases-clairières » et des « sombres massifs ». On y trouvait des images inquiétantes – « la jalousie, ce chien triste aux oreilles pointues » ou, entre cent autres, ce très curieusement tourné « est-ce, qui rougeoie, la braise de la nuit ? »

– qui lui permettaient de *bricoler* des livres rythmés par une musique funèbre et rigolarde. Et il lui aura fallu être très libre, et très courageux en un sens, pour s'inviter ainsi dans une interminable danse macabre autour de sa propre personne.

Son œuvre : un *Dies Irae* étiré sur la longueur d'une vie, une littérature de la ruade à soi-même réservée. C'est lui qui, par son exemple, m'a enseigné que la haine du genre humain n'était jamais, chez certains êtres, qu'une monstrueuse excroissance de la haine de soi. Il m'a également convaincu de ne jamais me lier d'affection avec ces êtres-là, sous peine d'être contaminé par le mépris qu'ils se témoignent à eux-mêmes. À l'inverse, l'amitié des créatures narcissiques est une bénédiction tant on y est souvent inclus dans l'amour dont celles-ci n'en finissent pas de s'asperger.

Il lui arrivait de me faire quelques confidences. Citant Jules Lemaître, il redoutait – avec une lucidité qui ne l'épargnait jamais – d'avoir occupé de son vivant un espace plus grand que le vide qu'il laisserait après sa mort. Il évoquait aussi, bien pudiquement, sa passion nouvelle pour l'austérité janséniste dont il regrettait de n'avoir pas fait son esthétique et son éthique personnelles – à défaut d'être naturellement chéri par le bonheur : « Ah, si j'avais pu être doué pour la vie comme Jean d'Ormesson, me disait-il. Lui, au moins, ne consentait à parler de la mort que quand il était sur des skis… »

À propos de skis, il se souvenait de sa dernière descente, en 1995, sur une piste noire de Courchevel, quand le moniteur avait observé, avant les neurologues, que ses gestes étaient bizarrement disjoints à cause de « Miss P » qui avait sans doute commencé sa sale besogne. Certaines nuits, il repensait à cette dernière descente, et c'était alors son meilleur rêve… Il avait la sensation qu'on lui permettait de dévaler à nouveau et il suppliait son ciel vide pour que rien ne vienne interrompre ce rêve… Rien… Surtout pas le réveil qui a la fâcheuse manie de tendre à la réalité un miroir dramatiquement fidèle.

Vers la fin, j'eus droit à l'un de ses très rares compliments : « Entre nous, c'est trop tard pour les sentiments, mais rien ne nous empêche de bavarder un peu… »

Il faudrait

C'est précisément en sortant d'un dernier déjeuner chez François Nourissier – un déjeuner d'août, triste, suffocant, ponctué de regrets, de soupirs, de médisances – et en longeant la rue Henri Heine écrasée de soleil, que m'était venue, par besoin de contraste, l'idée saugrenue de dresser sur-le-champ la liste des félicités qui pourraient ceindre le front d'un écrivain béni par les dieux-qui-n'existent-plus. Je m'étais assis sur un banc à l'abri d'un tilleul, enveloppé par la torpeur d'Auteuil qui, de toutes les torpeurs urbaines, est incontestablement la plus immobile et la plus accablante. Il en était sorti l'improbable *Il faudrait* que voici. Conformément à la règle locale, j'en exclus les patronymes d'écrivains vivants. Il faudrait donc…

… être beau comme René Crevel riche comme Valery Larbaud poli comme Marcel Proust sympathique comme Guillaume Apollinaire bon cavalier comme le prince Vronski polyglotte comme James Joyce heureux comme Jean d'Ormesson solaire comme Albert Camus costaud comme Arthur Cravan ambitieux comme Julien Sorel spirituel comme Sacha Guitry

élégant comme Barbey d'Aurevilly sceptique comme Frédéric Moreau glorieux comme Byron désinvolte comme Philippe Sollers intelligent comme Denis Diderot centenaire comme Fontenelle bronzé comme Mishima généreux comme Jean-Paul Sartre italien comme Stendhal mystique comme Julien l'Hospitalier poétique comme Jean Genet brutal comme Hemingway surdoué comme Louis Aragon affairiste comme Beaumarchais menteur comme André Malraux mondain comme Saint-John Perse misanthrope comme Ludwig Wittgenstein facétieux comme Raymond Queneau libre comme…

Brno-Milan-Paris

— La première fois que je l'ai vu, il nageait dans la piscine très chlorée d'un club de sport de la rue de Vaugirard. Il mettait tant de vigueur dans ses mouvements de bras, de jambes, de torse, dans sa rage à fendre l'eau et à en émerger pour avaler de bruyantes gorgées d'air, et tant de détermination dans sa manière de bousculer les baigneurs qui gênaient son sillage, que cela m'avait intrigué : qui était ce furieux ? Pourquoi était-il à ce point indifférent aux usages de courtoisie qui s'imposaient dans ce club huppé ? Il pratiquait de plus la nage papillon, celle qui éclabousse sans se soucier des autres. Un responsable de la piscine tenta d'intervenir mais le nageur ne quitta son bassin, très indifférent, que quand il eut terminé sa vingtaine d'allers-retours. Je n'avais jamais vu la photo de cet homme au visage carré. Je ne savais pas qu'il s'appelait Milan Kundera. Qu'il était écrivain. Qu'il avait quitté Brno, sa ville natale, pour s'installer en France.

— Rien, ou presque rien, par la suite, n'est venu modifier cette première impression. La vigueur, l'énergie, l'indifférence à autrui, une certaine brutalité, cette manière de foncer et d'éclabousser quoi qu'il en coûte, me sont toujours apparues comme l'essence même de ce que nul ne nommait encore le kunderisme – même quand j'ai découvert l'infinie délicatesse des livres que Milan écrivait ; même quand il m'a offert un peu de son amitié et que je me suis familiarisé avec la subtile élégance de sa façon d'être.

— La Force était toujours avec cet homme. Une Force obstinée. Farouche. Capable de prendre successivement la forme du rire, du silence, de la lucidité, de la désinvolture, de la fureur froide. Pas question pour ce genre d'individu de s'attarder sur la rive des sentimentalismes. Ni de fréquenter états d'âme, pastels psychologiques ou extases trafiquées. Kundera était d'emblée d'humeur guerrière et ennemi-né des postures romantiques. Il ne faisait semblant de baisser sa garde que devant la musique – par respect pour cette forme incontestable de la beauté. Et en souvenir de son père qui était un excellent compositeur.

— Il m'arriva souvent par la suite de le croiser, le matin, dans un café de la rue de Sèvres. Il semblait toujours taciturne, libre, tourné vers sa journée de flânerie, d'ennui, de curiosité, de travail. J'observais sa casquette de marin de terre. Je pensais à sa *Toque de Clementis*, cette nouvelle qui en dit long sur les pays du mensonge déconcertant. Avait-il rendez-vous ? De quel morceau de réalité avait-il l'intention de se saisir ? Aimait-il penser en français ? Aimait-il déjà Diderot et Vivant Denon ? À ses côtés, Véra, son épouse altière, se drapait dans l'allure d'un grand-duc ébloui par l'excès de lumière.

— On le vit deux ou trois fois à la télévision, puis il se dépêcha de rejoindre le Club des Grands Invisibles qui compte peu de membres tant les écrivains français ne peuvent s'empêcher d'avoir un faible pour l'*obscène* – qui, précisément, se propulse sur le *devant de la scène*. Ces Narcisses ne détestent pas débouler ainsi sous le regard des foules pour dire les délices de la solitude. Ou pour parler et reparler afin qu'on ne perde pas une nuance de leur éloge du silence. J'ai été intrigué, puis conquis, par l'aptitude kunderienne à fuir la meute, le spectacle, le bruit, la pétition, le carnaval, l'imagologie. Sagesse en acte. Preuve par le retrait.

— La théologie négative existe. Y compris en littérature. En certaines circonstances, il faut se retirer du monde afin que ce même monde s'avise de la place qu'on y occupait.

— C'est dans *La Lenteur*, je crois, que Kundera se souvient avec nostalgie de Vaclav, ce roi tchèque du quatorzième siècle, qui pouvait se divertir en fréquentant les auberges de Prague et en bavardant *incognito* avec les gens du peuple. À ce Vaclav, le destin avait offert, en triptyque, le pouvoir, la gloire et la liberté. Ah, l'heureux homme ! Trois privilèges d'un seul coup. Du bonheur d'être roi en ce temps-là… Désormais, la gloire va de pair avec la célébrité, donc avec le rayonnement universel et télévisuel du visage glorieux, de telle sorte que, du fameux triptyque, la liberté s'est enfuie. Ayons, à cet égard, une pensée pour l'infortuné Louis XVI, peut-être arrière-cousin du roi Vaclav, qui dut son arrestation, et bientôt sa mort, au fait qu'un palefrenier reconnut son profil sur une pièce d'or. Or, Kundera n'a jamais eu envie de mourir de cette façon. Il ne lui restait que le choix de l'invisibilité – ce qui fascina les Français, tellement habitués à contempler des *monstres* rompus à l'art de se *montrer*.

— Il m'a fallu un certain temps pour me familiariser avec son programme : non au Pathétique, au « Bien », au « Mal », à l'Illusion Lyrique, au Tragique et à tous ces ingrédients qui font vibrer. Et, à l'inverse, oui à la composition, à la fragmentation, à la bifurcation, au décalage entre ce que l'on croit savoir de soi et ce que l'on est en réalité. Tous ses livres ont été fidèles à cette feuille de route. L'émotion, la palpitation, les tremblements de cœur, y circulent moins que l'esprit intelligent. Le dérisoire règne dans le monde sans dieu qu'il habite et qu'il a immergé dans la matière. On aurait pu deviner sur-le-champ que Milan Kundera était irrécupérable pour la Dissidence, pour le Parti, pour la Nation, pour la romance.

— Cet écrivain a toujours su poser les bonnes questions : pourquoi les protagonistes des grands romans (Valmont, le Ulrich de *L'Homme sans qualités*, *Don Quichotte*, le narrateur proustien, etc.) n'ont-ils jamais d'enfants ? Combien de fois Anna Karenine a-t-elle fait l'amour avec Vronski ? Pourquoi les exégètes de Brecht insistent-ils si souvent sur son hygiène douteuse ? Pourquoi Aragon s'excuse-t-il d'être romancier ? Comment Malaparte s'y prend-il pour inventer la forme de *Kaputt* ? Par quel mystère, et selon quelle loi, le grotesque se glisse-t-il dans l'horreur ? Et l'ennui dans le drame ? Pourquoi ses personnages veulent-ils si souvent « vider leurs entrailles » ? Toujours, chez lui, cet impérieux besoin de passer derrière le décor. De crever la façade. De retrousser l'apparence.

— Fidèle à la grande leçon de Flaubert, M. K détestait, en littérature, l'idéal, les affects trop ardents et les fatras mièvres qu'il logeait à l'enseigne du *Kitsch* – alors qu'il était, *dans la vie*, le plus délicieux des hommes, le plus sensible des amis... D'où lui venait cette phobie de ce qui pourtant fait la chaleur humaine et donne bon goût à l'existence ? Je ne suis jamais parvenu à percer ce mystère... Toujours est-il qu'il avait fait de ce *Kitsch* l'équivalent de la bêtise propre aux idées reçues. D'où sa méfiance à l'endroit de la manie moderne qui consiste à travestir le réel en une vision extatique et idyllique du monde. C'est ainsi qu'il devint (après ses complices Kafka, Klima, Musil, Broch, Hasek, Gombrowicz et quelques autres) un expert dans l'art de la démystification généralisée. Je n'étais pas de cette famille. Mais j'ai beaucoup appris en la fréquentant.

— Il m'arrivait autrefois, quand chaque prix Nobel oubliait de couronner Milan Kundera, d'*entendre* – ou de croire entendre, ce qui revenait au même – la conversation des jurés scandinaves qui se réunissaient dans mon imagination pour s'assurer qu'aucun d'entre eux n'avait l'intention d'attribuer leur trophée à l'auteur d'une dizaine de chefs-d'œuvre.

Leurs noms étant imprononçables, je leur donnerai de simples numéros :

Juré N° 1 : « M. Kundera ne saurait être digne de notre admirable Prix Inclusif et Progressiste… il est misogyne et ne croit pas à l'Avenir Radieux… N'oublions jamais que nous devons d'abord récompenser la Vertu… »

Juré N° 2 : « Ajoutez à cela que cet homme n'est pas un patriote… J'en veux pour preuve qu'il ne revient pas dans son pays alors qu'il y a droit… Il refuse de participer à l'édification d'une société idéale… »

Juré N° 3 : « Nous ne serions pas dans notre rôle en couronnant un écrivain antiromantique qui, dans l'une de ses œuvres, a comparé la lune au "trou du cul du ciel". »

Juré N° 4 : « Ajoutons qu'il lui arrive d'écrire en français, ce qui aggrave la dimension pornographique de son propos… Pourquoi n'écrit-il pas en swahili ou en togolais, dialectes admirables et fort propices à l'édification morale de l'homme moderne… »

Juré N° 5 : « Il était de surcroît l'ami de M. Roth Philip, lui-même, militant antiromantique et soupçonné d'avoir entretenu des relations inappropriées avec de jeunes étudiantes… Si nous avions jadis eu la sagesse d'écarter cet écrivain infréquentable, ce n'est pas pour couronner l'un de ses meilleurs complices… »

Juré N° 6 : « En effet, ce monsieur Roth a déjà été éliminé de nos tablettes… Nous l'avons sagement banni, et nous bannirons tous les obsédés sexuels qui entretiennent des relations d'amitié ou d'admiration avec lui… »

Juré N° 7 : « Ne croyez-vous pas que le concept-phare de ce M. Kundera, ce fameux "Kitsch", ce demi-concept, est de nature à démoraliser les classes moyennes qui ne détestent pas la ritournelle ? »

Juré N° 8 : « Vite, vite, tournons-nous vers les écrivains qui méritent nos suffrages ! Vite, vite, votons pour de bons écrivains réalistes-humanistes-inclusifs ! Des amis de l'espèce ! Des écrivains amis des femmes-femmes et de leurs variantes diversement genrées ! Des écrivain(e)s ami(e)s des hommes-femmes ! Entre "l'être" et "l'oubli", choisissons l'espérance ! »

— Juré N° 9 : « Oui, vive le Progrès ! Vive l'Amour ! Finissons-en avec la prose non binaire ! À bas les exilés pornographes ! Soyons résolument modernes ! »

— *Smrt*, en tchèque, c'est la mort. Un mot gluant, sans voyelles, qui en dit long sur la façon dont la *Mitteleuropa* envisageait la fin de tout. On est au bord du précipice, on glisse vers le *smrt*, et voilà, c'en est fini, on tombe dans le trou glauque. Rien à voir avec la pompeuse et ample sonorité de notre *mort* – qui se prononce généralement comme on appuie sur la pédale *sostenuto* d'un piano : *moooort*… avec un gargouillement de gorge pour finir comme s'il fallait en expulser miasmes et glaires. Milan Kundera sort tout entier de cette quasi-onomatopée – déjà explorée, mais sur un autre mode, par le Romain Gary de *Clair de femme*.

— Puis la maladie, qui semblait si peu faite pour lui, s'est lentement approchée de sa carcasse d'athlète. Il me téléphonait. Ne savait plus ce qu'il voulait me dire dès que je décrochais. Il répétait : « J'ai oublié ce que je voulais te dire… Tu t'en souviens, toi ? Raconte-moi, s'il te plaît, ce que j'allais te dire… »

— La dernière fois que je l'ai vu, c'était devant une brasserie, au carrefour Raspail-Babylone. Il trottinait à côté de Véra, précisément. Elle le protégeait à chaque pas… Ah, l'amour fou de cette femme pour l'homme qui ne croyait pas à l'amour ! Il lui avait alors murmuré en me désignant : « Lui, je ne comprends pas, il est toujours en train de vivre… »

— Plus tard, bien plus tard, Véra m'apprendra que, vers la fin de sa vie, Milan avait pris l'habitude de déchirer en petits morceaux toutes les pages des livres qu'on lui tendait. Ces pages, il en faisait des confettis qu'il jetait à pleines poignées par-dessus son épaule, comme s'il voulait signifier par là que tout cela, franchement, n'avait plus, n'avait jamais eu la moindre importance. Or, Véra m'affirma qu'un seul livre échappait à cet émiettement. Un livre qu'il serrait contre sa poitrine, dont il ne se séparait pas, le contemplant parfois d'un regard rageur et énigmatique. Ce livre, c'était *L'Homme révolté*. L'affaire semblait d'autant plus étrange que Camus, qu'il respectait, n'avait jamais fait partie des écrivains qui l'intéressaient spécialement, sur lesquels il avait écrit… Après réflexion, et à titre d'hypothèse, j'en suis arrivé à penser que ce qui plaisait à Milan, c'était seulement le titre de ce livre. Au moment où la parole se dérobait à lui, il voulait dire qu'il était lui aussi un homme révolté. Qu'il se tenait, furieux, enfermé à l'intérieur de lui-même. Avec la colère, la véhémence désormais immobile, du nageur qui, presque un demi-siècle plus tôt, bousculait les flots d'une piscine pleine de chlore et de baigneurs éclaboussés.

Rêve avec diable

Cette nuit-là, après m'être endormi en lisant un roman quasi gothique d'Italo Svevo, je rêve que j'ai une insomnie et j'en suis très heureux car les rêves d'insomnie accompagnent souvent un sommeil profond.

Dans ce rêve, je me lève, je marche dans ma chambre, dans le salon, dans un couloir où je rencontre soudain un personnage sympathique qui me dit : « Je suis le diable, que puis-je faire pour toi ? »

Nous discutons. Je remarque qu'il a une voix grinçante et aigrelette qui tinte comme une gymnopédie d'Erik Satie. Puis, quelques heures plus tard, je reviens dans ma chambre, toujours insomniaque, mais de bonne humeur. D'ailleurs je ris, je ris, je ris…

La femme qui est dans mon lit – ma Bien-Aimée ? une ancienne épouse ? une inconnue ? –, réveillée par mon agitation bruyante, me demande : « Mais qu'as-tu à la fin ? »

Et moi, de lui répondre : « Non, non, ce n'est rien… mais j'ai rencontré le diable dans le couloir et nous avons bavardé… » La femme inconnue insiste : « Je ne vois pas ce qu'il y a de drôle dans ton histoire, ni pourquoi tu ris ainsi… »

Je réponds : « Si, si, c'est très drôle, car le diable voulait absolument que je lui demande quelque chose… Une faveur, un trésor, un palais, n'importe quoi… et je lui ai répondu que je possédais déjà tout ce dont j'avais envie… Ça l'a rendu fou furieux et il s'est évaporé devant moi… » Morale onirique : pour que le diable n'existe plus, il suffit de ne rien lui demander…

Cette histoire devenue rêve, il me semblait tout de même que je l'avais lue quelque part. Après avoir interrogé mes amis les plus lettrés, je finis par me persuader que ce rêve était original et ne devait rien à personne. Les rêves, après tout, sont semblables aux épaves, récupérées en haute mer, qui appartiennent au premier qui les ramène au port.

Dans le doute, je ne me l'approprie qu'à demi. Et si je doute d'avoir lu un tel livre, je suis certain d'avoir rêvé un tel rêve.

N'arrive-t-il pas parfois que les rêves ou les histoires des uns voyagent et passent un moment dans la tête des autres ?

Écrivaines en situation

— Vers la fin de sa vie, Françoise Giroud ne se lassait pas de revisiter son intense passé avec l'avidité charmeuse d'une Madame du Châtelet qui, revenant d'un bal, s'abriterait sous une ombrelle rebrodée par Sénèque. Elle avait tout eu, et elle ne l'avait plus. D'où sa manière, tendue entre mondanités et stoïcisme, d'enseigner que chaque délice recèle au fil du temps sa dose d'infortune. Elle aimait se souvenir de ses anciens plaisirs-champagne tout en les coupant maintenant d'un peu d'austérité. Elle en tirait un suc doux-amer dont elle me fournissait quelques doses lors des visites que je lui rendais dans son appartement du boulevard de La Tour-Maubourg. Elle m'a convaincu avec douceur de toujours considérer le bonheur à partir de son épilogue quasi inéluctable – et la gloire éventuelle à partir de son deuil. Cette grande dame chic, impitoyable avec elle-même, un peu triste, m'a finalement appris à gagner du temps. Son dernier conseil : « Méfiez-vous des gens qui sourient… Car le sourire, ne l'oubliez pas, c'est encore la meilleure façon de ne pas montrer ses dents… » Françoise, il est vrai, ne souriait qu'avec ses lèvres, tandis que son regard, lui, ne souriait jamais.

— Balzac avait cru remarquer que les écrivaines de son temps, selon leur âge, « sentaient, jouissaient et jugeaient », dans cet ordre – qui correspondait aux trois âges de leur vie. Réflexion faite, je ne m'intéresse vraiment qu'à celles qui procèdent en sens inverse : une jeune romancière prétentieuse et jugeuse, une écrivaine mûre et sensible – et bien sûr de la jouissance avant qu'il soit trop tard.

— Colette, de son propre aveu, savait que trois parures lui allaient mal : les coiffures empanachées, les boucles d'oreilles, les idées générales… Je viens de le rappeler à une étudiante américaine qui termine sa thèse sur *Les Femmes écrivaines et la querelle du genre*. Elle a sincèrement cru que je l'insultais.

— Elle me parle de son nouvel amant (qui lui ment, la trahit, la ruine…) : « Il n'est pas bon à aimer… » – avant de m'interroger, pleine d'espoir : « Crois-tu que tout le malheur que je lui dois, ça pourrait faire un bon sujet de roman ? »

— D'après l'un de ses rares amoureux, dont on me prie aujourd'hui encore de taire le nom, Marguerite Yourcenar avait une poitrine de marbre… Eût-elle, comme Cléopâtre, appuyé un aspic contre son sein qu'elle l'eût, paraît-il, écrasé sans avoir le temps d'être mordue. Ce qui confirme mon impression de toujours : cette femme, au moral comme au physique et au style, est dure comme une statue échappée de la galerie gréco-romaine du Louvre.

— Les femmes pour un romancier balzacien, simenonien, proustien : de la documentation.

Les hommes pour une romancière balzacienne, simenonienne, proustienne : de la documentation.

— Elle parle comme un livre publié au temps de Mme du Deffand. Aujourd'hui, elle m'a dit, en parlant d'une de ses amies de jeunesse : « C'était une gisquette avec des yeux bleu Nattier... » (traduction : c'était une petite pute aux yeux bleus...)

— Cette femme, croisée ici et là depuis une dizaine d'années, mérite incontestablement qu'on en fasse l'héroïne d'un livre. Elle est ravissante, frivole, riche, très *Mrs Dalloway*, mais, contrainte par son désœuvrement, elle a fait d'un léger désespoir sa raison d'être, presque un *look*. Sans lui, sans les délicieux et perpétuels tourments qu'il lui procure et qui la rendent si singulière, sans les désarrois qu'elle utilise comme un cosmétique afin de doser sa pâleur, elle risquerait d'être pour le coup vraiment malheureuse et *en manque* de mélancolie. D'ailleurs, elle ne se déplace jamais sans le réticule dans lequel elle rassemble ses pilules d'abattement, de dépit, de chagrin, qu'elle picore selon ses besoins. Le plus souvent, elle en assortit les couleurs à celles de sa toilette du jour. Par chance, elle ne sait pas encore que je l'observe en entomologiste et que j'ai fait de sa personne l'insecte le plus rare de mon bestiaire.

— C'est une lyrique. Une machine grandiloquente et toujours perchée. Une sensuelle cérébrale dont les désirs excèdent de beaucoup les raisons qu'on aurait d'y répondre. Hier, elle me dépose une lettre enflammée : « Je n'ai à vous offrir que des saisons incertaines et tourmentées, toutes perdues l'une dans l'autre en éclairs de feu et de neige… Si vous acceptez de m'aimer, je vous inspirerai un livre mémorable… » Donc une folle. D'une espèce rare et certainement dangereuse. Jadis, je ne détestais pas m'exposer à ce genre de risques. Je me suis heureusement guéri. Si elle insiste, je serai obligé d'être impoli.

— Marcel Proust tenait beaucoup à connaître l'opinion de Natalie Clifford Barney, dite « L'Amazone », sur son roman *Sodome et Gomorrhe*. « Vous n'avez rien compris au plaisir des femmes », lui répondit sèchement l'autrice de *L'Adultère ingénue*, avant de préciser : « À certaines femmes, apprenez-le, il faut parfois des femmes pour leur conserver le goût de l'homme… » D'où l'utilité du saphisme d'un point de vue mâle… Ce qui tendrait à prouver qu'Albertine, tout compte fait, avait des mœurs dont le Narrateur, pourtant mis au supplice, avait bien tort de se plaindre.

— Elle pérore, distribue des bons mots, se veut irrésistible et audacieuse : « Les dix plus belles années de la vie d'une femme ? » me demande-t-elle. Et de répondre elle-même : « Entre 30 et 31 ans… » Je n'ose lui faire remarquer que ce constat se trouve déjà chez Sacha Guitry.

Je ne l'aime pas assez pour la démasquer et m'en faire une ennemie mondaine.

— Je suis certaine, me dit cette romancière à succès, que si elle avait survécu au coup de poinçon que le pauvre Luigi Lucheni lui a planté dans le cœur, Sissi aurait réclamé son acquittement...

— Qu'est-ce qui vous permet...

— Eh bien, sur le fond, elle était d'accord avec son agresseur... D'accord avec l'anarchisme, avec la liberté des peuples, avec toutes les révoltes... Et puis, il l'avait poignardée avec une telle délicatesse ! Il est très regrettable, vraiment, qu'elle n'ait pas pu prendre la parole lors du procès de son assassin...

— Elle est fameuse et ardemment louée de Vilnius à Valparaiso, du Plessis-Robinson à la Maison de la Culture d'Aubagne. Indifférente, altière, énigmatique, elle empoche royalties, hommages et gros tirages avec la lassitude de qui n'a rien désiré et consent par bonté à sa propre gloire. Son don spécifique : tisser le rien avec l'allusion, le quotidien avec le clin d'œil, le petit rire avec le brouhaha d'époque. Sa chance : avoir jailli en un temps où il y avait un public pour ça. Et une génération de critiques magnétisés par ses minauderies minimalistes. Parfois, oubliant qu'un grand écrivain ne pose jamais cette question, elle demande à ses visiteurs extatiques : « Pensez-vous que je suis une grande écrivaine ? » Et lui fait-on observer que son dernier livre passe pour un chef-d'œuvre, elle répond : « Oui, c'est un livre. » Les jurés Nobel l'envisagent. Elle n'exclut pas d'accepter leurs hommages – les pauvres, comment pourraient-ils faire autrement ? Sur ses lèvres, un sourire inlassablement avide. Lors de notre dernière rencontre, elle m'a assuré, après deux heures de bavardage autocentré, qu'elle s'intéressait surtout aux autres et n'appréciait vraiment que le silence.

— C'est l'une de ces romancières à succès, fort rares, que la nature fabrique avec un soin contradictoire. Son regard, qui possède les nuances de vert et de jaune de certains chats, éblouit et glace le sang. Ses jambes sont si aériennes, si fuselées, qu'on les croirait en bond perpétuel, comme celles d'un démon acrobate. Sa peau, d'un grain soyeux et mordoré, semble plus impénétrable qu'une armure. Quant à son âme, tout indique que l'innocence et le vice l'ont conjointement inspirée, de telle sorte qu'on ne sait à première vue si cette créature, qui m'attire depuis longtemps, mais que j'évite de mon mieux, s'est rangée dans l'armée du Bien ou dans l'armée du Mal.

— Le vrai drame de Roger Nimier : ce n'est même pas lui, affirment ceux de ses exégètes qui s'y connaissent en grosses cylindrées, qui pilotait l'Aston Martin dans laquelle il s'écrasa en septembre 1962 sous la pile d'un pont de Garches. En effet, constat à l'appui, il avait ce soir-là laissé le volant de son bolide à une certaine Suzy Durupt, plus connue sous le pseudonyme vaporeux et prometteur de Sunsiaré de Larcône – jeune romancière d'une beauté peu commune, spécialisée dans la Gnose et la séduction des écrivains déjà établis (Julien

Gracq, Guy Dupré, Raymond Abellio, Mandiargues, en savent quelque chose…). Le *truc* de cette femme, c'était le sublime, le symbolique, l'accessoire tantrique, le brumeux scandinave, le machin jungien, la réincarnation, la télépathie, etc. Parlait-elle de Swedenborg avec Nimier au moment de l'accident ? Et celui-ci se douta-t-il, en s'enflammant sur l'asphalte, que l'originalité de son trépas, combinée avec la personnalité ésotérique de sa conductrice, allait non seulement lui valoir une surdose d'immortalité mais lui épargner de surcroît une réputation de chauffard ?

— Marie-Madeleine Pioche de La Vergne, surnommée « Le Brouillard », était, d'après ses contemporains, « droite comme un cierge et blanche comme une hostie ». Parvenant jusqu'à nous sous l'éblouissant patronyme de Madame de Lafayette, elle fit savoir en maints écrits qu'elle tenait l'amour pour une malédiction. À François de La Rochefoucauld, son principal et platonique soupirant, elle confia souvent, afin de l'éconduire, qu'elle se flattait d'être « exempte de ce sentiment incommode » – tout en ajoutant : « C'est assez que d'être. » Sa princesse de Clèves porte tous les stigmates de cette phobie.

Journal

J'ai souvent essayé de tenir le *Journal de ma vie* avec la lâche intention de ne le publier qu'à titre posthume. Chaque fois, pourtant, me lassait l'obligation de revivre, en l'écrivant, ce que j'avais déjà vécu. Et la rédaction de certaines pages consacrées à des moments d'ennui ou d'insatisfaction redoublait mon désagrément d'avoir eu à les vivre.

Je me suis ensuite risqué dans un autre genre, le *Journal d'imagination*, afin d'ajouter un peu de fiction à la réalité et d'augmenter mon existence d'épisodes piquants, aventureux, sentimentaux, et surtout inédits, mais là encore, l'exercice ne dura que quelques années car les plaisirs et les rôles que je m'attribuais, rarement à mon avantage, étaient trop improbables pour être vraiment savoureux et me convaincre moi-même.

C'est ainsi que, dans le souci de gagner du temps sans renoncer à tenir la chronique de ma vie, et sans rien perdre de la discrétion qui s'impose, j'ai progressivement envisagé d'actualiser le *Journal codé* de Benjamin Constant.

Ce qui donnait :

1/ Faire l'amour 2/ Dormir 3/ Manger copieusement 4/ Manger légèrement 5/ Insomnie 6/ Médire 7/ Faire un compliment sincère 8/ Faire un compliment insincère 9/ Aimer 10/ Détester 11/ Faire un doux rêve 12/ Faire un rêve désagréable 13/ Exprimer une opinion progressiste 14/ Exprimer une opinion réactionnaire 15/ Tenir un propos inepte ou intelligent 16/ Mépriser quelqu'un 17/ Ne pas respecter une promesse 18/ Renoncer à un projet 19/ Faire un pari perdu d'avance 20/ Se fâcher provisoirement 21/ Se fâcher durablement 22/ Croire 23/ Douter 24/ Avoir une digestion difficile 25/ Se découvrir un nouvel ennemi 26/ Se découvrir un nouvel ami 27/ Croire en Dieu 28/ N'y pas croire 29/ Longue attente 30/ Rêver 31/ Etc.

Ma journée d'hier : 1-3-7-14-18-11-20-27

Le caméléon sur son plaid écossais

Dix fois, vingt fois, j'ai croisé Romain Gary.

Au Brazza de la rue du Bac. Au Rouquet, à l'angle du boulevard Saint-Germain et de la rue des Saints-Pères. Chez Lipp où son poncho andin, ses chemises parme et ses yeux noircis au rimmel, ne lui faisaient pas bon genre.

Et même chez lui, où il avait recueilli une jolie fille qui me plaisait et qu'il hébergeait par goût de la beauté et de la galanterie. Il l'avait rencontrée à Puerto de Pollença, aux Baléares, et se disait très apaisé par la présence gracieuse de cette créature un peu sauvage dont il était peut-être amoureux, mais à laquelle il ne faisait aucun mal.

De cet écrivain vieux beau, je croyais savoir l'essentiel : un destin de juif baptisé catholique « pour dire merci à la France » ; un état civil de Lituanien vaguement tatare ; une maman tonitruante et adorée ; un humanisme malmené par la vogue des idéologies de la mort de l'homme ; un passé d'aviateur courageux devenu Compagnon de la Libération et ami des éléphants.

Sur le versant littéraire, rien de très original : un style pittoresque et vif ne lésinant jamais sur la dose de sensiblerie slave. Des personnages très *Clowns lyriques* qui, à la moindre occasion, en faisaient un peu trop dans le déguisement tellurique. Des fables amples, généreuses, antiracistes, qui n'inspiraient pas vraiment confiance à ma génération byzantine et friande de cœurs secs. Il y avait de la puissance dans cette prose, et des zones d'incontestable folie incandescente, mais le goût du jour m'avait appris à me méfier des larmes slaves, des pirouettes de bons faiseurs, des intrigues cousues à l'émotion, des rythmes-balalaïka. Je flairais injustement l'écrivain rusé qui veut séduire par des chemins lacrymaux. Je gardais mes distances. Je feuilletais sans conviction.

Sur le versant politique, ça n'était pas mieux. Un gaullisme d'imagerie à l'heure du conservatisme giscardo-pompidolien. Une religion pour moi démodée de la France d'avant-hier. Une méfiance de principe à l'endroit des faux insurgés de Mai. Un goût très prononcé pour les moulins à vent avec le Général dans le double rôle de Quichotte et de Dulcinée. Un Cabinet des Antiques à lui tout seul. Moins excitant, moins *moderne*, que les innombrables délires qui se déclinaient alors sur un air de victoire définitive.

À ces disgrâces s'en ajoutait une autre, pour lui plus fatale : Gary avait été dépouillé en chemin par des brigands de grande classe qui lui avaient dérobé en douce la plupart des accessoires qui font la réputation. Morand le bientôt ressuscité s'était emparé du chic réservé à l'écrivain-diplomate. L'incontestable Kessel l'avait surclassé en cosmopolitisme et en chants tsiganes. Malraux l'habile kleptomane s'était même arrangé pour faire main basse sur l'héroïsme.

Ne lui restait alors qu'une allure de demi-solde, quelques rubans d'ancienne légende qui se mêlaient à ses décorations et qu'il traînait dans son sillage comme des serpentins. Un prix Goncourt. Des romans débordant de gratitude. Deux films plutôt ratés. Des épousailles *glamour* avec une actrice blonde et tragique. On l'avait vu à Beverly Hills en compagnie de Dolores del Río – qu'il prenait plaisir à appeler « Douleurs de la Rivière » – dans des décapotables terriblement chromées. Walter Wanger lui avait proposé le rôle de Jules César dans l'un de ses péplums. Il défendait les femmes, les victimes, les esclaves modernes, les animaux, la nature, la bonté. Un type bien.

Ces exploits de magazine n'avaient pourtant pas suffi. Gary n'était plus, à ses propres yeux, qu'un souvenir de lui-même. La critique lui préférait Blanchot, Butor, Ionesco ou le nouveau roman. Les classiques n'étaient pas à l'aise avec ses manières de dragueur attardé *Au-delà de cette limite*. Enfin, il avait épaissi. Les vêtements de sa défunte épopée étaient maintenant trop étriqués. Il enfilait avec difficulté son vieux blouson de la Royal Air Force. De tous côtés, on le priait de laisser la place à plus fringant. Pas la peine de s'obstiner, cher Romain...

Quand je patientais dans son salon du « 108 » en attendant la jeune fille qui devait dîner avec moi, il voulait engager une conversation moderne et sympathique, s'intéresser à la jeunesse, à l'état du monde, à la mode, à la politique... Avais-je lu son *Sganarelle* ? Que fallait-il penser du jeune Modiano ? Croyais-je à l'avenir du courage ? Avais-je déjà rencontré un véritable antisémite ? Et ce Couve de Murville, ancien vichyste devenu grand ministre, qui l'avait privé d'ambassade, qu'est-ce que j'en pensais ? Je répondais poliment. Parfois, il lâchait des phrases étranges auxquelles je ne prêtais guère d'attention – sauf un certain soir, quand il prononça ce proverbe yiddish qu'il avait dû entendre dans sa petite enfance de Vilnius, et dont je me souviens avec émotion : « La seule chose que ne peut faire Dieu, c'est se mêler de ce qui ne le regarde pas... »

La jolie fille était parfois en retard. Impatience, temps perdu, conversation crispée. Les détails de ces moments-là – sa chemise froissée, sa barbe incohérente, la cendre éparpillée de ses cigarillos noueux comme des ceps de vigne, son regard de feu – traversent et retraversent ma mémoire. Comment avais-je pu ne pas comprendre ? Ne pas entendre ?

Cette tragi-comédie a volé en éclats le 2 décembre 1980, en fin de journée, quand on a appris. Une balle dans le cœur, un petit livre mode d'emploi en guise de bristol d'adieu, des révélations jaillissant de toutes parts. Mais oui, bon sang, c'était évident, « Ajar » signifie « braise » en russe, et Gary veut dire « brûle », tout ça part du même incendie, comment avait-on pu passer à côté de ce qui crevait les yeux ? Madame Rosa, Mina, même combat, amour infini, etc. Et deux Goncourt s'il vous plaît. Et cette schizophrénie sublime ! D'un coup, d'un seul, les snobs, dont moi, font volte-face, tout se renverse, on remet le Gary à l'endroit et en perspective. Le saltimbanque est devenu dostoïevskien. Le vieux beau a rajeuni. Son dibbouk l'a emporté comme on se joue un tour à soi-même. Gary prend du galon immédiat et posthume, devient presque une esquisse de Pessoa français. Moi, je n'avais rien vu... Pas très fier... L'une des bévues majeures de ma vie.

Quelques heures avant son geste fatal, il avait acheté une robe de chambre rouge dans une boutique du boulevard Saint-Germain. La rumeur qui circula rétrospectivement prétendit qu'il avait choisi ce vêtement afin que sa compagne du moment ne soit pas horrifiée par la couleur du sang sur sa chemise blanche. Ce détail vestimentaire a été inlassablement démenti par des témoins incontestables. Mais cela n'avait plus la moindre importance. Le suicide avait accouché d'un Gary tout neuf. Désormais désinfecté et légendaire. Le demi-solde était sorti de scène. À sa place, un Fregoli. Un être multiple. Une identité explosée.

À propos d'explosion, précisément : peu avant son suicide, Gary se comparait lui-même à un caméléon frénétique qui, habitué à prendre la couleur de la pierre sur laquelle on le pose, ne sait plus où donner de l'identité si on remplace la pierre par un plaid écossais. Et Gary de préciser : « Eh bien, il deviendrait fou ce caméléon, il exploserait… » Gary, dans sa logique, n'avait pas le choix.

Depuis, l'écrivain-caméléon n'en finit pas d'être plus grand mort que vivant. À la bourse des réputations, le Gary est remonté en flèche, comme le Kessel d'ailleurs, tandis que le Malraux a dégringolé, en même temps que le Morand officiellement dévalué et n'ayant cours que sous le manteau. Pour finir, Gary a joué avec *maestria*, même si cela lui a coûté la vie. Aujourd'hui, il tient correctement son rôle de mort intranquille et rieur. Il a empoché et fait fructifier sa part de rigolade, d'éternité, de bonne séduction. S'il avait su que l'époque aurait volontiers donné le Nobel à un homme ainsi fait, il se serait peut-être dissuadé lui-même de filer aussi vite.

Le désir d'hésiter

Du temps que je me faisais tout un monde de mon entrée dans la vie, je m'étais singulièrement convaincu que l'indécision était une vertu.

Je me voulais équidistant de tout. La moindre conviction m'encombrait. J'évitais de choisir, je célébrais le suspens, le bord, l'ailleurs, l'encore vierge. Cette maladie de la volonté – freudiennement transformable en maladie de l'idéal – est fréquente chez ceux qui, faute de s'être accomplis, s'attardent en panique dans les parages de la réalité. Leur existence se complaît dans des brumes. Ils se contentent d'en jouir *à blanc*.

C'est Benjamin Constant – un homme contraire à son propre patronyme puisqu'il était né vieux tout en se prénommant Benjamin, et changeait sans cesse d'opinions malgré ce Constant qui rend un écho opposé à son tempérament – qui m'avait initié aux délices et aux affres de cette posture. Son *Adolphe*, qui voulait et ne voulait pas, aimait et n'aimait pas, rêvait d'être libre tout en se soumettant à un despote d'État (l'Empereur pendant les Cent-Jours) et à un despote domestique (Germaine de Staël), se proposait spontanément comme un frère à tout novice en hésitation. J'ai longtemps peaufiné mes premiers atermoiements en sa compagnie. Mais c'est en me juchant sur les épaules de ce champion que j'aperçus, plus tard, la première nébuleuse gidienne. Ma rencontre avec *Paludes* était alors inévitable.

Cet opuscule écrit en 1895 par le futur contemporain capital n'est, le plus souvent, que le symbole littéraire d'une fièvre contractée par des amateurs ne sachant à quel destin se vouer. Le *paludisme* propose alors une paresseuse façon d'être. On peut s'en draper comme d'une nonchalance, d'une allure tout en brumes. Pour moi, ce fut un bréviaire d'évitement. Un électrochoc de langueur. Une drogue propice au ralentissement du corps et de l'esprit.

Précisons que cet ouvrage – que son auteur, encore dandy, voulait « clos, plein, lisse comme un œuf » – est d'abord un bibelot énigmatique. Gide le publia après son premier séjour en Afrique du Nord, et avant ses torrides *Nourritures terrestres*. Ce fut une halte, une station intermédiaire, avant de prendre son élan. Pour s'échauffer, le futur Grand-Écrivain voulait s'essayer à l'*acte littéraire gratuit* avant d'inoculer ce virus, mais plus tard et sur un autre registre, au Lafcadio de ses *Caves du Vatican*. Ce précis de détachement signait son tour de manège dans la zone de l'espièglerie avant de lancer son auteur dans les grandes orgues hédonistes et nobélisables.

Transporté par ce bréviaire du désœuvrement, je me fis un devoir de m'y abreuver au moins une fois par mois. J'y puisais des raisons quasi morales de ne rien entreprendre.

Car tout est insaisissable, presque ridicule, dans ce livre où un narrateur virgilien, exilé dans un paysage marécageux, détaille son impuissance à écrire, à agir, à aimer. Que fait-il ? « J'écris *Paludes* », répond-il – et c'est tout. Aucune intrigue. Des personnages vaporeux, tels ces Tityre, Angèle, Hubert ; une prose d'éther et de buées ; un climat tissé de litotes, d'allusions, de poses. J'étais fasciné. Un serpent devant son flûtiste.

Gide avait-il voulu se moquer des cénacles symbolistes ? Les fuir ? S'y faire admettre ? Était-ce un éloge mallarméen de l'ironie ? Un pont jeté vers le siècle suivant ? Une théorie de l'âme ? Les autorités compétentes ne sont jamais d'accord sur le sens de cet exercice de style – bien que *Paludes* soit tout cela, ainsi que son contraire, puisque c'est un livre-miroir qui réfléchit voluptueusement ce que chaque lecteur y verse. C'est dans cet aquarium, en tout cas, qu'il m'arriva de tomber, encore adolescent, grâce à un professeur déjà paludéen qui était lui-même en chemin vers son évaporation. Intoxication immédiate et inexplicable.

Ce traité sans queue ni tête décida sur-le-champ de mon désir de littérature. Et me révéla que j'avais, à l'orée de la vraie vie, le *désir d'hésiter* entre l'action et le retrait, la déception et le possible, la tentation et son refus, le siècle et mon nombril. Fallait-il choisir ceci ou cela ? Les deux à la fois ? Ni l'un ni l'autre ? Je m'interroge encore.

Politique

Rares convictions – Pour l'intelligence et la bonté – Aucun cynisme – Préférence systématique pour le moindre mal – Allergie aux illusions lyriques – À toute forme d'exaltation sociale – À toute glorification d'une identité – Affinité anachronique avec feu le despotisme éclairé – Avec des maîtres qui seraient d'abord des saints – Nostalgie d'un peuple fortifié par l'étude – Anarchiste conservateur les bons jours – Démocrate faute de mieux par gros temps – Toujours écœuré par les êtres et les idéologues qui croient vraiment ce à quoi ils croient – Vacciné contre le progressisme grâce à une lecture précoce de *L'Éducation sentimentale* – Vacciné contre les partis de l'ordre et leur morale grâce à une expérience quotidienne de la bourgeoisie et de son hypocrisie – N'ignore pas que l'Histoire est un navire démâté et errant au gré de la folie des hommes – Terminus définitif chez les antimodernes dont la compagnie pourtant m'exaspère – Dégoût de la foule, des masses, du peuple populiste et ochlocrate – Sympathie de principe pour quiconque milite contre ses propres intérêts – Hautes figures : Cincinnatus, Churchill, Blum, de Gaulle, Disraeli, Byron,

Baudelaire – Sympathie stendhalienne pour Bonaparte – Antipathie spontanée pour Napoléon – Jamais encarté – Pessimiste comme la plupart de ceux qui savent que l'avidité, l'ambition et la bêtise mènent le troupeau humain – Pour Tocqueville contre Rousseau – Pour Spinoza avec Tocqueville – Inutilisable par le gros animal d'État – Incompréhension devant le goût du pouvoir qui saisit nombre de mes contemporains – Non par sagesse – Ni par vertu – Mais parce qu'être chef à l'âge démocratique est toujours un métier d'esclave.

Rêve-cyprès

Je me suis assoupi sur mon divan-tapis-volant. Des créatures chimériques ont fait irruption dans ma tête avant d'y circuler à leur aise parmi les amas de myélite où se stockent mes raisonnements et mes imaginations.

Il y a là des inconnus recouverts de feuillages, des visages familiers, une biche, des animaux dont je ne connais pas le nom. Bientôt, tous me sourient, se rapprochent, font cercle autour de moi. Parmi eux, je remarque quelques arbres auxquels les uns et les autres s'adressent comme s'il s'agissait d'éminents ancêtres. Ils se concertent. Je sais qu'ils se penchent sur mon cas. Que me veulent-ils ? Suis-je menacé ? Je me tiens prêt.

L'un d'entre eux, mi-arbre, mi-animal, me déclare finalement que je dois subir une série d'épreuves pour savoir si je suis digne de devenir coiffeur de cyprès. Ce métier dont je n'ai jamais entendu parler me tente soudain, il devient même, immédiatement, le but absolu de mon existence onirique. Saurai-je jamais coiffer un cyprès ? Affiner sa crête ? L'alléger de ses branchages morts ?

Le rêve s'achève sans que je sache si j'ai obtenu mon diplôme.

Dans ma bouche, un goût d'écorce, de foins coupés, de crépuscule.

La vigilance des passions éteintes

C'était un *mensch*. Un potentat sympathique et inquiet. Une sorte de mage laïc, surtout pour les tribus élégantes qui psalmodiaient devant lui que le fascisme ne passerait pas. Cet homme-mage-*mensch* s'abritait derrière le pseudonyme de Jean Daniel. Il était l'inventeur-directeur du *Nouvel Observateur*, l'Organe-Central-De-La-Pensée-Juste qui régna sur la bienséance intellectuelle de la France quelques décennies avant la fin du vingtième siècle.

Généreux, complexe, champion de la haute conscience, il fut mon premier spécimen camusien. On disait de lui, mais à voix basse, qu'il aurait pu voir loin s'il n'avait eu la vanité de s'interposer toujours entre sa personne et les événements qu'il éditorialisait. D'autres, dont je faisais partie, le créditaient d'audace et de courage, même si l'égotisme y ajoutait partout sa touche. C'est en tout cas à ce personnage singulier que je dois, par-delà quelques égarements, des bonheurs qui embellirent mes débuts dans la vie.

Dès notre première rencontre, lors d'une promenade en montagne, Jean Daniel m'apparut tel qu'il était : ombrageux et solaire, sensuel et cérébral, amical et hautain. Je découvris bientôt qu'il avait aussi le goût des bains de mer, du sacré, de la vérité, de la meilleure littérature, des femmes splendides et intelligentes. À ses côtés, au fil des jours, j'appris à aimer les héros, la liberté, les soirs d'été, Stendhal, le genre humain, les idées, l'honneur méditerranéen et même Dieu, ce Tout-Puissant absent sans qui il y aurait moins de beauté dans les églises d'Italie.

Il fortifia aussi ma bonne conscience, m'aida à disposer « ma chaise longue dans le sens de l'histoire » et me permit de m'installer confortablement dans le camp du Bien. À la même époque, ce sphinx m'apprit à tourner habilement quelques chroniques dont la publication me valut un début de petite notoriété locale. C'est donc grâce à lui que mon moi d'alors, particulièrement inachevé, fit son entrée dans la grande comédie parisienne.

À l'époque, chacun encensait le chef de l'Organe-Central, des ambitieux aux éminences d'État ou aux despotes exotiques des jeunes nations. Il en profitait pour pousser la coquetterie jusqu'à repeindre de deux ou trois couches de doute chacune de ses convictions – ce qui indisposait les esprits simples. Puis tout cessa dès qu'il se retira, l'âge venu, sous sa tente d'augure, un peu dépassé par les métamorphoses du nouvel avenir. On lui trouva rétrospectivement bien des défauts, comme une certaine avidité devant les honneurs – ce qui n'était pas inexact. Mais rien ne vint jamais contrarier l'affection que je lui portais.

J'ai aimé la bienveillance dont ce Narcisse de compétition comblait ceux qu'il avait inclus dans son amitié. J'ai aimé sa sagesse, et même sa douceur, à mesure qu'il s'éloignait du pouvoir qu'il avait adoré dans ses saisons tonitruantes. Il était devenu attentif aux autres, encore protecteur avec le cercle désormais restreint de ses fidèles, inlassablement curieux des nouveaux maîtres du pays – dont il aurait tout de même trouvé naturel qu'ils vinssent le consulter dans son refuge de la rue Vaneau.

Enfin, l'emphase et la grandiloquence faisaient, par séquences, partie de sa manière d'être. Ne m'avait-il pas dit un jour, alors qu'il me trouvait trop lointain : « Pourquoi ne me témoignez-vous désormais que la vigilance des passions éteintes ? » Avait-il prélevé cette phrase dans les *Mémoires d'outre-tombe*, sa lecture de chevet ? L'avait-il ouvragée lui-même en prévision de ma visite ? Je ne le saurai jamais.

Quand j'y repense, je me demande comment j'ai pu quitter à temps les rives ensoleillées du *jeandanielisme* pour devenir le quasi-réactionnaire, pessimiste et antimoderne, que je suis aujourd'hui. Par quel miracle, et quand, s'est opérée la bifurcation ? Le réveil ? La claire conscience d'une réalité insoluble dans l'idéal ? À quel moment ai-je compris que mes totems sartro-mendésistes n'étaient plus crédibles ? Que la gauche pouvait être de droite ? Qu'elle l'était même, d'emblée, dans certaines zones de l'idéologie ? Vers la fin de sa vie, Jean lui-même semblait entrevoir que nombre de ses combats étaient finalement plus douteux qu'il l'avait cru. Que les figures sacrées du colonisé, du migrant, du révolutionnaire, du révolté, qui avaient tant charmé ses exploits d'envoyé spécial, s'étaient sérieusement ternies au fil des générations.

Son ultime conseil, alors qu'approchait son centenaire, et que je lui rendais ce qui fut ma dernière visite :

« N'oubliez jamais que la vérité a toujours un pied dans le camp d'en face… » J'en ai fait un principe en souvenir de cet homme qui passait injustement pour un esprit dogmatique. Et ce jour-là, en le quittant, je me suis dit que ce Jean si théâtral avait dû ciseler la formule en prévision de ma dernière visite.

Me faudra-t-il, à moi aussi, préparer quelques paroles mémorables à l'attention de mes visiteurs du crépuscule ? J'y songe. La cérémonie des adieux est un exercice auquel on ne se prépare jamais assez tôt.

Plan de carrière

Pour *faire écrivain* en France, je conseille :

1/ Se choisir un micro-destin à la Huguenin, à la Nimier, un truc pète-sec, très *elfe-made man*, tout en nerfs, insolence et précocité.

2/ Attacher le plus grand prix, dès le départ, à sa panoplie-Alcibiade en surjouant bouderie et arrogance.

3/ Faire croire qu'on mourra jeune afin d'être aimé en extrême urgence.

4/ Naître si possible dans les beaux quartiers et dans la peau d'un agité de bonne famille tout en visitant à l'occasion les zones de taudis qui ne sont pas rares dans le monde.

5/ Préférer en tout l'éphémère, les étoiles filantes, l'éclair, les cimes, et fuir le gras des choses qui s'attardent.

6/ Publier un brumeux roman celtique-poétique avant 20 ans en y célébrant l'idéal, le panache, l'amitié, la mélancolie, les jeunes filles blondes et pures. L'ouvrage devra être préfacé par un aîné nobélisable et nostalgique du temps où il avait, lui aussi, de l'audace à revendre.

7/ Réclamer sur-le-champ un déguisement Malraux ou Grand Meaulnes *customisé*, même si l'article ne se trouve plus en magasin.

8/ Ajouter à ce déguisement quelques coups de menton, le goût des causes perdues, un cap à droite en déplorant que la gauche soit corrompue par un excès de bons sentiments.

9/ Mépriser l'Académie, mais pas trop. On ne sait jamais.

10/ Écrire quelques articles pieux en faveur de deux ou trois écrivains oubliés et jadis glorieux, les encenser, les nommer protecteurs.

11/ Ne jamais oublier de trépigner contre les avachissements physiques, moraux, nationaux.

12/ Plaire aux femmes sans déplaire aux hommes. Rester viril dans les deux situations. Préférer le très ambigu Aramis au trop simple d'Artagnan.

13/ Mourir avant d'avoir commencé lors d'une ascension au Népal ou en s'écrasant quelque part au volant d'une puissante limousine. Nul ne doit sous-estimer le bénéfice des trépas précoces qui désinfectent les destins de tout ce que le renoncement va y verser.

14/ Si le conducteur-écrivain-Alcibiade meut ainsi avant 30 ans, une durable résurrection lui sera acquise.

15/ Car faire carrière *en tant que ressuscité* n'est pas un mauvais calcul – même si l'on en profite peu de son vivant.

Coctien ? Coctalien ?

Nul ne sait s'il faut l'aimer un-peu-beaucoup-passionnément-à-la-folie-pas-du-tout cet angélique et très frimeur Jean Cocteau, virtuose du joli, grand perturbateur de l'ennui, naufrageur des choses grises, magicien d'opérette qui pense que chaque secret a la forme d'une oreille – dont j'ai accroché le portrait sur mon Mur Sacré… avant de l'ôter… de l'accrocher à nouveau… de l'ôter après réflexion… de le reléguer dans un coin et, qui sait… de lui accorder enfin un emplacement de choix… bien qu'à jamais provisoire…

Avec ce séraphin-phasme, c'est comme ça : on est devant lui, on l'observe, on entame une conversation, il sourit, esquisse deux ou trois entrechats, mais il n'est pas vraiment là puisqu'un Cocteau se cache toujours derrière un autre Cocteau qui se cache lui-même derrière un masque de Cocteau. À l'arrivée, il y a foule, on se croirait dans un salon où des mondains et des fantômes un peu snobs pépient en liberté. Est-ce une *party* ? Un bal ?

On ne sait pas davantage ce qu'on lui doit vraiment à ce *prince des poètes*, même si la seule évocation de sa tignasse cotonneuse, de ses mains-élytres, de ses manières félines, de ses lèvres par lui-même dessinées, fait chaque fois naître de grands sourires, de l'indulgence, de l'admiration, avec états d'âme assortis.

Cocteau est beau comme un oignon dont les enveloppes recouvrent et dissimulent d'autres enveloppes de Cocteau qui, elles-mêmes, etc. Jean Cocteau est Jean Cocteau est Jean Cocteau qui est Jean Cocteau. C'est un vivant joueur qui ne cache rien. Qui n'a rien à cacher.

L'aime-t-on, l'aime-je, à cause de cette transfusion de bonne humeur dont il s'est fait une spécialité efficacement magique ? De sa dévotion à la légèreté ? De son plain-pied avec le merveilleux qui embellit le monde et dont il posséda mieux que quiconque le mode d'emploi ?

Afin de percer un peu le vieux mystère JC, ne jamais oublier :

1/ Que ce personnage est né en même temps que la tour Eiffel, ce qui lui a d'emblée donné le sentiment de devoir être le monument français le plus visible.

2/ Qu'il adorait jouer des coudes, se montrer, parader, se jucher sur le moindre podium en vue. Il voulait être le prétexte d'un syndrome *de Stendhal* à lui tout seul.

3/ Qu'il réclamait en tout le premier rôle – quitte, comme on le disait chez les Beaumont ou au Bœuf sur le Toit, à faire le marié le jour d'une noce, ou à se déguiser en mort un jour d'enterrement. Il était à chaque seconde favorable aux « érections de l'âme ». Épuisant.

C'était un de ces individus qui font de la vie une partie de sérieuse fantaisie perpétuelle.

Ce type humain est un miracle pour ceux qui le fréquentent. Un repoussoir pour ceux qui le détestent. Un allié de poids pour les grands stratèges de la vie des arts.

Longtemps, cet agité – dont la morale quotidienne pouvait ainsi se résumer : « Ne pas se perdre dans les embrassades... Rester aigu coûte que coûte... Rester en pointes et angles... Ne pas s'arrondir... » – m'a gracieusement déconcerté-agacé-emballé. Trop de tintamarre autour de lui. Trop de champagne, de gitons, de mondains, de plumes d'autruche, d'angelots, d'étoiles décoratives. Et pas assez de substance. Un Grand-Écrivain ? Un agitateur ? Une simple *star* du Gratin Révolté ? Une icône gay ? Une fameuse locomotive pour tout Paris ?

Ce qui est sûr : je supporte difficilement les gens qui ne supportent pas Jean Cocteau.

Petit détour, sous l'œil d'un Clausewitz imaginaire et rompu aux batailles compliquées de la littérature conçue comme un jeu d'échecs :

— À côté des Rois, Reines, Pur-Sang ou Fous officiels, il y a aussi, parmi les écrivains français, des pièces mineures, des faire-valoir, des sortes de pions – dont la combinatoire et le mouvement gouvernent pourtant le Beau Jeu.

— Or, sur l'échiquier littéraire national, Jean Cocteau s'est réservé le rôle du supplétif, de la mouche du coche… Dès qu'il y a une grande bataille, il accourt, brandit son épée de théâtre, assure la claque. Peu importe à ses yeux que la bataille se livre autour de plus grand que lui – Proust, Céline, Picasso, Stravinsky, les surréalistes. Ce qu'il veut, c'est être dans le coup.

— Ce pion très castagneur adorait la boxe, devint même l'imprésario de Panama Al Brown, le champion du monde poids mouche. C'est pourquoi on pouvait compter sur lui dès que lesdites grandes batailles faisaient rage. Les génies en activité lui confiaient la mise en scène de leurs guerres. Toujours très important la mise en scène… Et Cocteau savait s'y prendre. C'était même un spécialiste de n'importe quel décor. Avec trois rubans et quelques miroirs, il fabriquait l'univers d'une belle au bois dormant.

Conclusion : les modes se sont servies de JC. Il s'est servi d'elles. Avec assez d'habileté pour naviguer joliment entre vagues et vogues. Il ne fut l'initiateur de rien et se mêla de tout. Du beau travail.

Il suffit de suivre la chronique, de le regarder sautiller et danser, de l'écouter pontifier, quitte à se moquer un peu, pour prendre la mesure du tohu-bohu dont le vaillant coq boxeur Cocteau fut le zélé combattant.

Dès son fameux patronyme (Cocteau, *pluriel de Cocktail...*) se superposent toutes les bonnes identités du répertoire : snob attachant, frivole, esbroufeur, moderne, virtuose vulnérable – « personne ne se suicide autant que moi », se vantait-il – et son talent multifaces s'étire avec faste des années folles aux débuts de Johnny Hallyday (dont il présida le premier fan-club). Il y avait plusieurs lignes de vie dans sa main... C'est cette ubiquité existentielle qui m'a toujours paru enviable... Aux artistes de cette trempe, ennemis de la répétition et des couloirs aériens, il faut triple ou quadruple ration de vie. Un privilège. Quand l'énergie me manque, je pense à JC.

Car il y a : le Cocteau-Montaigne de *La Difficulté d'être*, le moderne de *Parade*, l'irresponsable du *Salut à Breker*, le Pygmalion de Radiguet, le mystique converti par Maritain, le naïf de la collaboration, l'opiomane de l'hôtel Welcome à Villefranche-sur-Mer, le Cocteau-Corydon du *Livre blanc*, le confident de Proust, l'académicien, le cinéaste célébré par Truffaut, etc.

Cocteau est un intoxiqué de la métamorphose. C'est Zélig. Un Pessoa au patronyme unique. Avec son tapage diurne-nocturne encombré d'opportunisme, de courage, de vanité, de talent. La vie, en lui, déborde. Je l'observe, je le consulte, j'aurais adoré déjeuner en sa compagnie. Cet homme est un spécimen de pure intensité. Un remède à la langueur – qu'il fréquentait pourtant quand le bonheur l'évitait.

Alors, Cocteau, combien de divisions ?

Sur le papier, ça n'est pas énorme : sept romans, cinq films, quatorze pièces de théâtre, des centaines de sculptures, autant de recueils poétiques, quatre ouvrages autobiographiques, des milliers de dessins, une correspondance touffue.

Maigre bilan après cinquante-cinq ans d'agitation, de chahut, d'acrobaties, de conformismes, d'audaces, de la part d'un touche-à-tout qui, même mort, semble toujours agité par la danse de Saint-Guy de la séduction.

Dans le maelström de rumeurs, d'articles de dîners en ville, de coteries et de règlements de comptes qui jalonnent sa vie, JC n'eut que la ressource de son tempérament – qui était tout de bonté, de générosité, de droiture amicale (avec Proust, Maurice Sachs, Jean Desbordes, Louise de Vilmorin, et même avec Jean Genet qu'il « lança » bien avant Sartre...).

Ce côté « Jean le Bon » exaspéra les vipères surréalistes (« la bande mauvaise ») ainsi que les riches si prompts à l'ingratitude. Ou les progressistes qui se méfièrent toujours de ce dandy trop rive droite. Sans parler des communistes qui ne comprirent jamais rien à ce fauché qui flambait comme un seigneur.

En fin de compte, cette chimère d'Andy Warhol et d'Anna de Noailles, celui qu'on surnommait « l'Anna-mâle » vers 1920, mérite à tous égards, comme tous les borgnes sympathiques, qu'on le regarde de profil tant sa pleine face regorge de défauts qu'on peut aimer.

Aura-t-il gagné la bataille de la postérité ? J'en doute. Mais ça n'est pas gênant. Même s'il n'eut même pas le privilège de léguer un véritable adjectif à notre histoire littéraire – Coctien ? Coctalien ? Allons, ça ne fait pas sérieux.

À prescrire pourtant, et sans modération, à tous les ulcéreux mélancoliques accablés saturniens maussades qui ignorent encore que la vie ne vaut que par la dose de fantaisie, éventuellement géniale, qu'on a le talent d'y injecter.

Souvenir d'en France

Le miracle se produisait une ou deux fois par trimestre quand, vers midi, des grutiers déposaient la précieuse cargaison sur un quai du port d'Oran. C'était une caisse spéciale contenant chaque fois une cinquantaine de livres et d'innombrables magazines qui avaient traversé la Méditerranée dans la cale de l'un des paquebots rutilants qui assuraient la liaison régulière entre la métropole et ses départements d'outre-mer. Des libraires de Nice ou de Marseille avaient rempli cette caisse avec des ouvrages dont ma mère leur avait passé commande avec un soin sans pareil. Plus tard, des dockers sensibles à nos pourboires mirifiques transportaient la caisse miraculeuse dans un entrepôt voisin où nous allions solennellement en prendre possession.

Cet entrepôt était une caverne féerique, une vraie petite France où l'administration locale avait rassemblé toutes les belles choses fabriquées dans ce pays lointain et magique. Il y avait là des tracteurs, des armoires bretonnes, des miroirs dorés, des voitures neuves, des transistors enveloppés dans leur écrin de galuchat, des appareils modernes en provenance des magasins parisiens, qui témoignaient tous du génie d'une nation à laquelle nous n'étions pas certains d'appartenir. J'étais si impatient de découvrir les merveilles du jour que j'attendais rarement d'être de retour dans notre petite ville pour profiter de mes nouveaux trésors.

Surgissaient alors les pépites dont l'édition locale du *Monde* ou de *L'Écho d'Alger*, un professeur de passage ou une émission de radio animée par Bernard Gavoty ou Max-Pol Fouchet, avait déjà signalé l'existence à ma mère qui tenait registre de leurs bons conseils de lecture. Je me souviens de certaines livraisons, plus mémorables que d'autres : celle, par exemple, où je découvris, le même jour, *Les Raisins de la colère*, *Bonjour tristesse* et *Illusions perdues*. Ou celle, encore meilleure, qui apportait à ma mère, qui en raffolait, les poèmes de Paul Géraldy et les romans d'Alexandre Dumas.

Pour moi, la France, l'esprit de la France, se tenait là tout entier. Avec son charme frais, ses cavalcades héroïques, sa fragrance, sa promesse d'horizons intelligents. Les livres nés dans cette contrée incomparable me permettaient de l'imaginer, de la respirer, de l'aimer sans attendre. Et rien ne me paraissait plus exaltant que d'être, le même jour, présenté au pilote courageux de *Vol de nuit*, au *Dernier des justes* ou au *Dominique* de Fromentin. Je savais que j'allais installer dans ma chambre ces amis encore inconnus à qui j'avais hâte de montrer la beauté du djebel et des plaines couvertes de vignes et d'orangers. Je savais surtout que nous allions passer de longues heures ensemble sous les pales alanguies d'un ventilateur de plafond ou sur la terrasse ombragée qui était un peu le centre de mon royaume colonial, et que je reviendrais de ces expéditions mentales avec plus d'élégance et de savoir-vivre.

À travers ces livres, je m'acclimatais au pays qui leur avait donné naissance, je rêvais à ses jardins harmonieux, à ses légendes, à ses châteaux posés majestueusement au bord de fleuves amples et civilisés. Ma France fut ainsi, et d'abord, une bibliothèque, un labyrinthe de contes et légendes dont les héros défendaient l'honneur et les faibles.

Un arrivage m'avait particulièrement troublé, qui amena jusqu'à moi deux ouvrages en trois volumes qui allaient beaucoup compter : *Les Chemins de la liberté* de Sartre et *Les Thibault* de Roger Martin du Gard. Le Sartre eut son importance dans ma vie car, pour la première fois, je voyais sur la couverture d'un livre mon prénom imprimé – ce qui d'emblée dignifia celui-ci, alors que je ne l'appréciais guère jusque-là. Quant aux *Thibault*, je fus si impressionné par l'épaisseur du livre que, pressé de savoir combien de pages j'allais frénétiquement avaler, je me précipitai à la toute fin du dernier volume pour découvrir que son dernier mot n'était autre, là encore, que mon prénom.

La France, ce jour-là, me faisait un double clin d'œil. Je n'étais pas près de l'oublier.

... aussi ennuyeuse que la vie

Cette nuit : Roland Jaccard – un vieux camarade qui avait annoncé son suicide pendant trente ans, et qui s'était finalement décidé – faisait les cent pas dans ma tête tandis que je dormais avec béatitude.

J'étais ravi de retrouver cet ami d'autrefois dont la double ambition avait été, sa vie durant, de disputer au Viennois Peter Altenberg le titre mondial d'expert en crépuscules et d'épouser Louise Brooks, la seule star nihiliste de Beverly Hills.

Dans mon rêve, Roland est fringant, presque rajeuni, et confus d'avoir dû quitter la vie sans me laisser le temps de lui faire les adieux en bonne et due forme qui ne lui auraient sans doute pas déplu.

De sa voix grave et ralentie par un reste d'accent lausannois, celui que j'appelais toujours « l'Helvète underground » (à cause de ses affinités avec toutes les littératures du troisième sous-sol que personne ne connaissait) me murmurait : « Vois-tu, je regrette de m'être suicidé, car je n'avais pas prévu que la mort était aussi ennuyeuse que la vie. »

Il reprenait ensuite sa promenade dans un parc biscornu et jonché de déceptions, de haines de soi, de tristesses rédemptrices. Au loin, dans ce décor en ruine, des jeunes filles vicieuses et plutôt japonaises…

Avant de disparaître, il insista pour m'offrir un aphorisme en provenance directe du néant. Pour autant que je m'en souvienne, cet aphorisme affirmait en substance que celui qui se méprise s'abuse sans vergogne, car on peut jouir encore du mépris que l'on s'inspire à soi-même – ce qui, tout compte fait, n'a guère de sens.

Le rabbin Voltaire

C'était un homme bien singulier qui, à la fin du vingtième siècle, recevait en pyjama les visiteurs qui venaient le consulter et le flatter dans son appartement du Palais-Royal.

Enjoué, vif comme une réincarnation de ce *Neveu de Rameau* qui aurait pu être son voisin deux siècles plus tôt, étincelant, cynique, jamais amer, il se plaisait alors à être intarissable sur tout, et chacun pouvait s'abreuver à sa mémoire embellisseuse, indulgente, pleine d'imagination.

Il avait été l'intime des meilleurs, de Bergson à Cocteau ou Malraux. Sans parler des femmes – cocottes, poétesses, mondaines, grandes snobs, mystiques… – qui l'avaient joyeusement occupé. Il avait encore beaucoup de goût pour la politique où il s'était pourtant égaré. Il bavardait volontiers avec *ses* morts, dont certains n'en finissaient pas de se fâcher puis de se réconcilier avec lui. Il conservait enfin une passion intacte pour la bonne littérature qui, par-delà ses trafics publicitaires ou contingents, restait sa grande affaire.

Au fond, Emmanuel Berl s'était bien amusé : il avait brillé, déplu, conquis, fréquenté, bavardé, écrit, regretté.

Et le destin, qui avait commencé par le jeter dans une dynastie cossue de la Plaine-Monceau, n'avait jamais manqué de le servir avec tact. D'ailleurs, il ne se plaignait pas. Il adorait la vie qui l'adorait en retour. Rien ne réconcilie mieux avec l'absurdité du destin que cette race d'élus qui a tout obtenu sans même avoir pris la peine d'en exprimer le désir.

C'est ce même destin qui avait poussé la délicatesse jusqu'à lui inoculer avec constance, comme à ce Romain Gary auquel il ressemble pourtant si peu, ses aptitudes d'écrivain-caméléon : le jeune Emmanuel ne devenait-il pas wagnérien dès qu'il débarquait à Amphion, chez Anna de Noailles ? Surréaliste en s'attablant au Cyrano en compagnie d'André Breton ? Boulevardier lorsqu'il saupoudrait d'acide guitryque les dîners en compagnie de son bien-aimé Sacha ? Nihiliste quand il retrouvait Drieu la Rochelle et sa bouillie fascisante au marbre des *Derniers Jours* ? Dandy avec le jeune Aragon, « l'ami aux cent cravates », sur les plages de Guéthary ? Quiétiste lors de ses conciliabules spirituels avec Mary Duclaux ? Juif lorsqu'il découvrait dans Racine l'histoire de la reine Esther ? Intellectuel engagé dans son bureau de *Marianne* ? Et pétainiste, pourquoi pas, quand un fâcheux concours de circonstances le précipita à Vichy au mauvais moment ?

Sur ce dernier épisode, se souvenir que Berl, promu brièvement *speech writer* du Maréchal, lui offrit deux phrases mémorables et, n'était le contexte, fort drolatiques de la part d'un individu de sa sorte : « la terre, elle, ne ment pas » et « je hais les mensonges qui vous ont fait tant de mal ». Peut-on faire plus comique ? Surtout si l'on veut bien rapporter ces éléments de langage à l'identité d'un souffleur qui, à l'exception de ses derniers séjours en pays d'Auge, n'avait respiré à son aise que sur l'asphalte des villes. Et qui, en Philinte de compétition, préféra toujours les mensonges de civilité aux vérités qui pouvaient blesser inutilement.

À le voir tel qu'en lui-même à la fin des années Giscard, chez lui ou attablé dans sa cantine du Véfour, on se disait que ça n'avait pas dû être si désagréable, après tout, d'avoir – comme Cocteau, son complice de palier, rue de Montpensier – cavalcadé dans la plupart des seconds rôles de la comédie littéraire... Et d'être devenu immortel à l'ancienneté, tout en conservant la désinvolture qui n'appartient qu'aux charmants touche-à-tout. Celui-ci s'était drapé dans l'allure ridée d'un rabbin Voltaire. Il y avait fait merveille sans effort tant la vie lui était aussi naturelle que le bavardage et la gentillesse. Il avait tout de même écrit quelques beaux livres (*Sylvia*, puis *Rachel et autres grâces*...) mais rien qui eut une véritable ampleur. À cela s'ajoutait, dans son caractère, une absence totale de vocation, une obstination sincère à se croire insuffisant, et nul désir de *devenir quelqu'un*. Cette façon d'être lui venait-elle de son long commerce avec Fénelon – dont la sagesse affirmait en substance : si Dieu avait voulu que je sois génial ou meilleur, il m'aurait à coup sûr donné les moyens de le devenir – ou de sa seule paresse ? Il ne le savait pas lui-même. D'où son exploit, vers la fin, quand il parvint à s'imposer en tant que *grand-écrivain-mineur* alors qu'aucun génie spécifique ne lui avait été donné en partage. Et d'où, peut-être, sa mélancolie de stoïcien jouisseur qui ne se prit jamais au sérieux mais qui osa avouer au crépuscule qu'il aurait pu rendre – à qui ? – une bien meilleure copie.

Les temps forts de Berl et du berlisme ? Des situations, de l'entregent, une ubiquité rieuse, un vrai don pour figurer sur la photo au bon moment.

Il y eut d'abord sa fameuse querelle avec Proust sur l'amour que l'on pourrait ainsi résumer : Marcel, qui avait sans doute des vues sur ce jeune homme qui, lui avait-on appris, lisait sa préface à *Sésame et les Lys* dans les tranchées du chemin des Dames, l'avait en effet convoqué dans son antre du « 102 » ; arrogant et fringant, Berl choqua le créateur meurtri d'*Albertine disparue* en affirmant que l'amour, ce sentiment romantique et antiproustien par excellence, « pouvait être réciproque ». Il n'en avait pas fallu davantage pour mettre Marcel hors de lui : n'était-il pas l'auteur de pages immortelles *prouvant* que, dans la réalité, les êtres s'interposent toujours entre nous et notre amour pour eux ? Et qu'il faudrait qu'ils fussent morts et « offerts sur un catafalque », pour que l'on puisse les aimer librement ? Berl ne se laissa pas intimider, et Proust finit par lui lâcher : « Vous êtes aussi bête que Léon Blum » tout en lui jetant sa pantoufle au visage. Ils en restèrent là. À la fin de sa vie, Berl admettait cependant, et rétrospectivement, que Marcel, une fois de plus, n'avait pas eu tort.

Il y eut, aussi, ses intermittences sentimentales avec Breton qui n'hésita pas à lui ravir – à moins que ce ne fût l'inverse, on ne sait plus… – une prostituée réputée pour son savoir-faire ; son amitié tourmentée avec ce Drieu la Rochelle qu'il aima tant, au fond, mais qui lui témoigna une ingratitude bien dans sa manière en le caricaturant sous les traits déplaisants de Preuss, un terne personnage de son roman *Gilles* ; sa frivolité lorsque, désœuvré, il écrivit les mémoires d'une reine de beauté qui lui faisait envie l'année même où Hitler prenait le pouvoir à Berlin ; son mariage pour magazine avec la piquante Mireille, celle de *Couchés dans le foin* et du « Petit Conservatoire de la chanson » – qui pianotait avec Françoise Hardy et Michel Berger tandis que « Théodore », puisqu'elle l'appelait ainsi, devisait avec Jean d'Ormesson ou Patrick Modiano.

Berl fut un *conversationniste* aussi irrésistible que l'était Louise de Vilmorin dans l'autre sexe. Il ne se lassa jamais de mettre l'intelligence et le brio au poste de commande de sa vie. Et rien n'était plus agréable que la compagnie de ce sceptique de haute volée qui s'appliqua à penser en liberté dans un monde requis par toutes sortes de servitudes. Quand il vit ses amis – de Drieu à Aragon – se hâter vers leurs absolus de contrebande (fascisme, communisme...), il eut raison de se comparer à Sévère, ce héros à peine secondaire de *Polyeucte*, qui refuse d'entrer dans un temple (telle est bien l'étymologie du mot « profane ») quand les premiers rôles, devenant des « fanatiques » (étymologie symétrique...), n'avaient de cesse, eux, que de s'y précipiter afin de se convertir à leur religion ravageuse.

Telle est la meilleure leçon de Berl le moraliste. Et l'héritage dont je tire régulièrement profit. Rester à la porte des églises et des temples quand tous se hâtent d'y prier. Penser par soi-même, contre soi-même, et toujours en individu, quand le troupeau égaré par ses mauvais bergers se rue vers le dogme, le credo, le malheur.

La corne et le couteau

J'avais jadis avancé l'hypothèse selon laquelle Michel Leiris, bel esprit et styliste exigeant, était, tout compte fait, plus petit que sa réputation. On se moqua. On me gronda. On me rééduqua. Je me rectifiai…

… et me remis dans le droit chemin du goût d'alors – qui consistait

1/ À tenir en haute considération le rôle de subtil diplomate que l'esprit du temps avait confié à Leiris afin qu'il parvienne à pacifier les relations tortueuses entre le surréalisme et le freudisme.

2/ À célébrer son audace de pionnier pour frayer, de l'art africain aux arrière-salles de la psyché occidentale, « le plus court chemin d'un mystère à un autre mystère ».

3/ À me prosterner devant son blason sur lequel une défunte idéologie avait inscrit en lettres de feu la trouvaille qui fit la signature du dandy-ethnographe – à savoir l'invention d'une posture fabuleuse qui permettait à l'écrivain de transformer sa page en une arène, et d'y affronter la corne autobiographique d'un taureau imaginaire sans oublier de faire une pause à l'heure du thé.

En ce temps d'immense crédulité, il convenait de tenir l'encre pour une substance aussi rouge que le sang et l'écriture pour un exercice aussi périlleux qu'une corrida. C'est ce dernier frisson, en tout cas, qui avait fait de l'auteur de *L'Âge d'homme* un quasi-samouraï capable d'affronter une mort symbolique à chacune de ses lignes sans se départir de son allure impeccablement servie par des chemises signées Sulka, ni de renoncer à l'aisance matérielle que lui procurait son beau-père Kahnweiler.

Le hasard voulut que, dans un contexte plus récent, l'idée me vînt de reprendre ces pages toutes de « sol y sombra » et de fureur tauromachique peu après ma découverte de l'ouvrage dans lequel Salman Rushdie détaille les circonstances qui lui valurent de recevoir les onze coups de *Couteau* d'un fanatique manifestement plus dangereux qu'un minotaure peint par Picasso.

Les exploits de Leiris me parurent alors, et rétrospectivement, encore plus truqués et artificiels qu'ils m'avaient semblé lors de notre première rencontre. C'était le résumé d'une fable qui n'existe pas et qui pourrait s'intituler *La corne et le couteau*.

Qui, cette fois, prendra le risque de me gronder ? De me rééduquer ? Et moi-même, aurais-je envie de me rectifier ?

Il en va ainsi des dangers encourus par les écrivains, dont l'intensité varie avec le temps.

Ici, on réchappe au péril en ne quittant pas son cabinet de travail.

Là, on l'affronte et on devient borgne.

Ligne, encore

C'était un matin de printemps. À l'instant précis où, sortant de la boutique d'un fleuriste de la place du Palais-Bourbon, j'évitai de justesse une décapotable aussi bleue que les yeux de son conducteur.

Au volant, un Jean d'Ormesson en tous points conforme à sa jolie légende : col ouvert, belle mine, veste de lin clair, humeur rayonnante. Il se hâtait vers une journée resplendissante avec l'intention manifeste d'y faire provision d'agréments. À peine m'avait-il reconnu, et ne doutant pas que je venais de faire expédier un bouquet à une dame, il m'interpella avec cette voix Jean d'O si délicatement flûtée.

— Elle est charmante, n'est-ce pas ? Je vous félicite…

— Mais…

— N'en dites pas davantage ! Laissez-moi l'imaginer… C'est une Italienne, bien sûr… Et comme toutes les Italiennes, elle adore les pivoines… Vous avez choisi des pivoines, n'est-ce pas ? Les roses, c'est pour les femmes qui n'y connaissent rien…

Puis, abandonnant sa décapotable devant la boutique du fleuriste, il voulut m'entraîner dans une brasserie toute proche afin que je lui fournisse quelques bons détails sur cette Italienne qui, il est vrai, avait une préférence pour les pivoines. Mais il se souvint qu'il était pressé et n'aurait pas beaucoup de temps à consacrer à mes éventuelles confidences. Avant de remonter dans sa voiture, il eut tout de même le temps de faire mon éducation :

— Ah, les fleuristes ! Voyez-vous, ils sont les meilleurs alliés de nos affaires de cœur, et j'en parle d'expérience… Ils m'ont ruiné, mais je ne le regrette pas… Sans eux, m'aurait-on jamais pardonné certaines de mes inconduites ? Et savez-vous que s'il n'avait pu puiser dans ses serres de Beloeil, le prince de Ligne lui-même aurait eu de sérieux problèmes avec ses maîtresses… D'ailleurs, il était irrésistible de drôlerie sur ce sujet… Relisez ses *Écarts* à l'occasion, si votre ravissante vous cause du chagrin…

Pour la seconde fois, le prince de Ligne se mêlait à ma vie amoureuse. Et pour la seconde fois un homme d'esprit – Jean d'O après Sollers – me servait d'entremetteur. Si deux individus aussi distincts (enfin, moins distincts qu'on aurait pu le supposer) appréciaient également cet aristocrate d'autrefois, cela me faisait obligation de m'y intéresser de plus près – ce que j'avais déjà fait, vingt ans plus tôt, dans mes *Enfants de Saturne*.

Sans attendre ma réponse, la décapotable s'engageait déjà dans la rue de Bourgogne. J'eus à peine le temps de voir un bras juvénilement brandi en guise d'au revoir – qui, de fait, fut un adieu car je ne revis plus ce Jean d'Ormesson si aimablement d'ormessonien.

Je remarquerai plus tard que, comme pour Sollers, Ligne m'était recommandé, et même impérieusement prescrit, par un homme que je voyais pour la dernière fois.

À croire que ce spécialiste du bonheur était aussi, et à ma seule attention, un chambellan d'ultimes cérémonies. Peut-être voulait-il me signaler l'extrême proximité du trépas et de la félicité, et me rappeler que celle-ci ne se conquiert que dans la claire conscience de sa brièveté. En souvenir de Jean, je tâcherai de m'en souvenir.

La visite

J'avais à peine vingt ans quand j'ai commencé à sacrifier obséquieusement à l'excellent rite de la *Visite-au-Grand-Écrivain.*

Une demande d'audience bien tournée, une recommandation, un ami commun, une rencontre de hasard suffisaient à hâter le si désirable rendez-vous. Le Visité se faisait alors un devoir d'être aimable et simple de manières même si sa vanité, soucieuse de bien s'enfler à la faveur de l'hommage d'un inconnu, n'entrait pas pour rien dans ce commerce. Il y avait sur ce sujet les précédents illustres dont il était flatteur de se revendiquer, tant ils procuraient l'illusion qu'on accédait soi-même à une catégorie relevée.

Si l'on veut bien négliger les *visites-pour-rien* (Maurice Sachs chez Cocteau, Arthur Cravan chez Gide, etc.), restent les temps forts du cérémonial. Ainsi : Vivant Denon prenant ses cartons et ses fusains afin de croquer Voltaire en vieux singe de Ferney. Hérault de Séchelles ne songeant qu'à amadouer l'austère Buffon en passant la grille du château de Montbard. Et Mauriac s'empressant dès qu'il le put vers Barrès qui avait lui-même visité Renan à Tréguier trente années plus tôt.

Instruit par ces hauts faits, je décidai à mon tour de régler ma partition. Les circonstances, les amitiés m'ayant donné accès à quelques illustres, je fonçai, ne doutant pas que mon roman d'apprentissage tenait là ses premières pages.

Il y eut l'inquiétant Simenon dans son bunker d'Épalinges, qui m'avait expédié en cinq minutes (« Vous voulez écrire ? Eh bien, vous n'avez qu'à écrire… Moi, voyez-vous, j'écris tous les jours, avec des crayons parfaitement taillés… Bien le bonjour, monsieur… »). Puis Jean Cocteau, à Marnes-la-Coquette, adorable et aérien, à peine réel, avec son visage tout en angles, qui me fit croire après cinq minutes de badinage que nous étions amis depuis toujours (« Tu sais, un ange m'avait dit que tu viendrais ! Est-ce que tu parles avec les anges ? Il faudra que je te présente mon Heurtebise… »), ce qui m'avait ému avant que j'apprenne qu'il traitait de la sorte la plupart de ses visiteurs. Enfin Sartre, croisé à l'ancienne Palette de Montparnasse, m'offrit quelques mots secs et sympathiques que j'aurais pu recevoir comme un inestimable trésor (« Je vous souhaite bonne chance, mon jeune ami… ») si ses yeux, que le strabisme faisait diverger, ne m'avaient donné l'impression que cette bénédiction s'adressait à quelqu'un qui se trouvait derrière moi…

Qu'allais-je donc chercher auprès de ces Grands Prêtres sinon l'onction, le salut de bienvenue, l'*introït* laïc, au moment où je ramassais mes forces pour bondir parmi ces professionnels de la profession ? Il me fallait un certificat d'admission.

De ces premières initiations, souvent vaines et artificielles, je conserve des souvenirs inégaux, quoique toujours précieux. J'y ai fortifié mon aptitude à admirer, à me moquer sous cape, à dissimuler, à pénétrer dans les arcanes infiniment complexes de la littérature *sur-le-vif*. J'ai eu chaque fois plaisir à sentir mon pouls s'accélérer au moment de sonner à la porte d'un grand homme. J'ai trébuché sur mes compliments, manqué d'aplomb, de repartie, d'éloquence. Sans parler des lettres de château que je m'imposais d'écrire, après la visite, pour remercier l'illustre de m'avoir permis de l'admirer de près. Les jeunes gens d'aujourd'hui doivent éprouver une sensation de même nature quand la vie les met en présence de la *rock star* ou de l'acteur de cinéma qu'ils chérissent spécialement.

J'avais dû prendre goût à l'exercice car, bien après ces débuts, j'ai poursuivi mes visites grâce à des magazines qui, en ce temps-là, appréciaient les longs entretiens où l'on refait le monde en compagnie de ceux qui ont la réputation de savoir le penser ou l'éclairer. Il y eut Borges, Tournier, Nourissier, Morand, Foucault, Barthes, Octavio Paz, René Girard, Leonardo Sciascia, Robbe-Grillet, Michel Serres, Cioran, Roger Caillois, Baudrillard, Raymond Aron, Lévi-Strauss et tant d'autres qui m'accueillaient à l'occasion d'un livre ou juste pour le plaisir d'un bavardage. Il m'est également arrivé d'être triste en remarquant si souvent ce qu'il peut y avoir de petit chez certains grands personnages.

Ma dernière visite fut pour Julien Gracq, à Saint-Florent-le-Vieil, lieu-dit d'un pèlerinage classique où tout le monde se bousculait pour partager la solitude du maître de maison et en tirer d'éventuelles leçons de style. Les meilleurs prosateurs du moment m'avaient précédé. La plupart en étaient revenus extatiques et conquis, avec la certitude, incongrue à mes yeux, d'avoir touché du doigt et de l'œil un morceau de ciel.

Nous avions arpenté la rue du Grenier-à-Sel, non loin de la Loire capricieuse, médité devant les cinéraires du jardin de curé attenant à la bâtisse vendéenne dans laquelle l'auteur du *Rivage des Syrtes* était né quatre-vingt-douze ans plus tôt.

Sa peau couleur d'ivoire rosi par la douceur angevine et la verrue située à la commissure de ses lèvres lui faisaient un visage de tableau flamand. Le portemanteau à tête d'ours sculpté et un baromètre en forme de feuille de platane retinrent également mon attention avant que l'on s'attaque au programme du jour. Wagner, Pompidou, le latin, Houellebecq, Greta Garbo, Stendhal, Toynbee, Jules Verne, Jünger, Lise Deharme, Edgar Poe, Jean-René Huguenin, Sunsiaré de Larcône, Tournier, Modiano défilèrent ainsi à rythme soutenu. On devinait aisément l'ancien professeur de géographie du lycée Claude-Bernard rompu à l'exercice des révisions de fin d'année.

Il fut aussi question de Proust – que le maître de maison, de tempérament peu proustien, compara à un « tapis roulant où les personnages passent et repassent en vain ». Cette ultime considération acheva de me convaincre que je n'appartenais décidément pas à la famille de cet orfèvre.

Dehors, la lumière déclinante se mêlait déjà aux reflets de la Loire, tandis que le ciel s'éclairait puis s'assombrissait vers des teintes d'ardoise. Du fleuve montait un parfum de vase tiède qui était à lui seul une vision du monde. M. Gracq estima sans doute que le rendez-vous avait assez duré car notre conversation était devenue minérale et froide comme le beau langage apprécié par mon hôte. Je grelottai en le quittant un peu avant la nuit.

Les coqs de Key West

Le hasard voulut que, quelques semaines après mon bref pèlerinage chez le *Grand-Écrivain* de Saint-Florent-le-Vieil, je me retrouve à Key West, tout au bout du chapelet d'îlots qui s'égrènent entre la Floride et Cuba.

Tremblement d'air brûlant dès l'aube… Torpeur et moiteur des soirs qui n'en finissent pas… Vapeurs de poissons séchés au bord des mangroves… Pélicans perchés sur des jetées rongées par le sel… Partout, une odeur de rhum, de banane, de poivre…

Dans les rues, des coqs par dizaines. Je ne saurai jamais pourquoi cet animal est devenu la créature sacrée de Key West – une légende affirme que ce culte a été instauré par Hemingway, le dieu local, qui aimait à se réveiller avec le chant de ces volatiles qui depuis se pavanent en liberté. Sur les trottoirs grouillent les touristes alcoolisés, les prostituées, les vieux pêcheurs toujours prêts à inventer, contre un cognac, leurs meilleurs souvenirs avec Papa Ernie. Rien de commun, même si la création s'arrange de n'importe quel décor, avec la sérénité officiellement littéraire du *Rivage des Syrtes*.

Qui aurais-je été si le sort avait fait de moi un Américain jeté sur ce morceau de sable ? Aurais-je simplement songé à écrire des livres ? Sinon, de quel autre attirail me serais-je affublé ? Aurais-je choisi l'excitante existence d'un trafiquant de tabac ? D'un marin pour touristes ? D'un tenancier de tripot ? Ces existences n'auraient-elles pas été aussi enviables que celle d'un polygraphe parisien et obstiné ? Freud écrit quelque part que la physiologie, c'est le destin. Je pense que le décor, le climat, les odeurs, sont encore plus décisifs que la physiologie.

Mes vies virtuelles tourbillonnent… Épongent rêveries et regrets… Oscillent entre la puanteur des sargasses décomposées et les parfums de vase exhalés dans un méandre de la Loire… Entre le soleil caraïbe, la douceur angevine et la rue paisible de mon refuge.

Quels livres aurais-je écrits ici ? Et quels livres là ? Aurais-je choisi le *personnage* du mâle tonitruant ou celui de l'anachorète minéral ? Quelle vie faut-il vivre pour avoir plus de talent ? Là sont les questions.

Dans ces affaires, très en amont, c'est le tempérament qui décide. Et le mien a idéalement choisi depuis longtemps – bien que sa nature ne lui ait jamais vraiment laissé le choix. En tout cas, je ne me cache pas derrière mon *idéal du moi* : je donnerais sans hésiter tous les bijoux ciselés et sertis par l'exquis mortifère de Saint-Florent contre quelques pages débordées de l'ivrogne braillard Hemingway – qui, pour arranger les choses, fut aussi le gigolo qui s'installa ici même avec une riche épouse qui ne lui refusait rien.

Je constate, perplexe et immoral, que la vie du braillard gigolo me tente davantage. Toutes choses étant inégales par ailleurs, et d'abord la puissance littéraire, c'est cette vie-là que j'aurais aimé vivre si j'avais obéi à ce qui mijote en vain en moi. Je me console en songeant sans y croire qu'il n'est jamais trop tard, quoique, pour devenir qui l'on a envie d'être.

Halte obligée en fin de journée au Sloppy Joe dont le zinc est tatoué de mille effigies à la gloire de *Papa*. On me permet d'enfiler ses gants de boxe, ceux-là mêmes dont il se servit pour faire trois rounds contre un pompier qui avait trente ans de moins que lui. Nostalgie d'une trajectoire où j'aurais le droit de me conduire en artiste incorrect et vulgaire.

Ne jamais oublier qu'Ernest, dans les nuits d'après beuverie, avait encore la ressource de recouvrer son bel esprit, de composer des phrases dures, sèches, définitives, et même délicieusement féminines.

Il y avait ce soir-là, encore par hasard, le grand concours annuel des sosies d'Hemingway. Une tradition américaine désormais honnie par les demi-habiles de Californie et de la côte Est. Des sosies de tous âges débarquant de partout – imagine-t-on gloire plus grande ? Des hommes arrivent de Tokyo, de Djakarta, de Milwaukee, de Des Moines, avec le seul désir de ressembler à l'écrivain qu'ils admirent ou dont ils ont seulement entendu parler.

J'ai trinqué avec un Ernesto de vingt ans, tout droit sorti de la Closerie des Lilas, et qui croyait pourtant que Paris était un village du Texas. Et en compagnie de quelques *Hemingstein* du crépuscule, ventrus et éructants, avec barbes de hipsters, des gays pour la plupart… Drôle de penser que le surmâle de jadis, prototype de l'écrivain viriliste, était devenu une icône du troisième sexe... J'appris plus tard que le propre fils d'Ernest, Gregory, sans doute par réaction douloureuse, finit au soir de sa vie par se gaver d'hormones pour se métamorphoser en transsexuel sous le nom de Gloria. Ainsi va la vie.

Le lendemain, visite de la maison du maître. Celle que la riche épouse lui offrit afin qu'il puisse composer à son aise *Pour qui sonne le glas*. J'ai touché la Remington sacrée, la tête de koudou empaillé au-dessus du lit conjugal, ainsi que le penny qu'il avait incrusté dans le ciment qui borde la piscine construite à grands frais par son épouse (« tu vois, ma chérie, je participe aux frais, moi aussi... ») où des acteurs de Hollywood venaient se rafraîchir. C'était le séjour d'un Magnifique qui écrivit trois cents mots par jour en mesurant pieusement les variations quotidiennes de son poids. Je repense au baromètre en forme de platane de bois sculpté de Saint-Florent. Il y a tant de façons d'être un écrivain de grande race.

Nuit tourmentée sans sommeil dans un hôtel des alentours. De celles dont Hemingway avait dû jadis respirer les senteurs un peu pourries en provenance des marécages environnants. J'imagine sa vie voluptueuse d'ici.

Plus tard, j'irai visiter son séjour suivant à Cuba. Là-bas, la maison s'appelle *Finca Vigia*. À peu près la même qu'à Key West. Car Ernest avait ses habitudes ! Et ne transigeait pas avec la bonne vie ! Une femme par roman. Une maison par femme. Riche si possible, afin de pouvoir écrire tranquillement. Du soleil, toujours. Avec un bateau amarré dans le port d'à côté. Des habitudes pas très professeur de géographie. Ernest voulait seulement que la vie lui serve son meilleur suc. Et tout ce bonheur l'a conduit, quelques saisons plus tard, à se tirer un coup de fusil dans la bouche. Bizarres, les écrivains. Bizarre, le bonheur.

Dix questions

Chaque écrivain, mâle ou femelle, tirera grand profit en observant scientifiquement le *mano a mano* Hemingway-Fitzgerald et en actualisant chacune des options existentielles qui firent de leurs vies une réussite et/ou un échec.

Un(e) écrivain(e) doit-il (elle) ainsi…

1/ Se marier ou rester célibataire ?

2/ Choisir des passions ou un(e) époux(se) ?

3/ L'éventuelle fortune de l'époux(se) doit-elle être privilégiée aux dépens du sentiment ?

4/ Entretenir son corps ou consentir à sa lente dégradation ?

5/ Consommer toutes sortes de produits chimiques, de drogues ou d'alcool si cela facilite le processus créatif ?

6/ Fréquenter des amis intelligents ou se complaire avec des imbéciles dont la compagnie peut être divertissante ?

7/ Vivre en ville, à la campagne, au bord de la mer ?

8/ Aimer l'argent qui rend libre ou le mépriser afin de n'être l'esclave de rien ?

9/ Écrire dans les journaux (pour être connu) ou les fuir (afin de ne pas abîmer son talent) ?

10/ Avoir des enfants ? Les aimer ? Les abandonner ? Leur permettre de pousser comme des herbes sauvages ?

Ernest et Scott eurent de nombreux différends sur ces questions fondamentales. Et ils choisirent d'emprunter des chemins parfois parallèles, parfois contraires.

À l'un l'amour fou avec une folle, le gin, les snobs, le fox-trot, l'insuccès après le succès, la ruine rapide… À l'autre la boxe, les épouses, l'argent, la gloire, le suicide… À la fin, l'ivrognerie égalisa leurs parcours.

Sur le ring de la vie, Hemingway l'a incontestablement emporté dans ce combat aux points à quoi se ramène toute existence – ce qui ne l'a pas empêché d'y mettre un terme précoce. D'un autre côté, certains romans d'Ernest fatiguent à force d'héroïsme forcené. Tandis que ceux de Francis Scott semblent trempés dans une grâce éternellement intacte. Qui l'a emporté ?

Le prince de Ligne, mêlant les sexes, et juché sur son incomparable expérience, avait conclu que, pour jouir d'une vie grandiose, un individu chanceux se devait d'être une belle femme jusqu'à vingt-cinq ans, un général victorieux jusqu'à cinquante, puis un prélat influent jusqu'à la fin.

L'idéal, pour un écrivain, serait désormais d'être Fitzgerald jusqu'à vingt-cinq ans, puis Hemingway jusqu'à cinquante.

Après ?

Après, tout est possible – même la sagesse. Mais, alors, ça ne compte plus – puisque les jeux sont faits.

Michel

Nous nous étions rencontrés sur la côte amalfitaine, puis perdus de vue comme il est d'usage avec les sympathies d'été. À l'époque, nous avions tout de même entrevu, mais abstraitement, que l'amitié et la complicité pouvaient circuler à l'aise entre nous. J'ignorais cependant qu'elles allaient, vingt ans plus tard, dans un contexte fort différent et bien éloigné des plaisirs méditerranéens, nous tomber dessus comme des foudres et décider à notre place qu'il n'y avait plus de temps à perdre.

Cet homme brillant, généreux, lucide, s'appelait Michel Schneider. Il avait été un énarque pessimiste, un maoïste lacanien, un pianiste serein, un psychanalyste sceptique, puis il en était revenu tout équipé d'une mélancolie rieuse. Il achevait un dernier livre, un livre fou qui s'intitulait *Des livres et des femmes*, quand un crabe particulièrement affamé entreprit de ronger son pancréas. Il fallait faire vite. Michel ne se plaignait jamais. Il se contentait d'un « so far, so good » quand je prenais de ses nouvelles.

J'ai vite compris que la religion de cet athée héroïque, ce n'était ni la Révolution, ni le freudisme, ni le service public, ni même la musique – c'était d'abord la littérature, donc les livres, rien que les livres qui, seuls, lui avaient permis de comprendre qu'il valait mieux consacrer ce qu'il lui restait de vie à fuir tous les désirs de pouvoir qui l'avaient jadis tenté. Il avait alors été « pris de livres » comme on est « pris de boisson ». Il se voulait, il se savait « bibliopathe », à l'image de ce tableau d'Arcimboldo qui montre un individu dont le front, les joues, la bouche, le cou, les yeux, sont figurés par des in-folio.

Il m'avait tout de suite présenté à ses intimes : Pascal, Baudelaire, Schumann et Philip Roth – mais ces intimes-là, finalement, comptaient moins que leur père à tous, un certain Marcel Proust qui allait être le compagnon de son dernier voyage. Ce que Michel avait appris chez Proust, ce secret auquel il m'avait généreusement initié, ce n'était pourtant pas ce qui fait l'ordinaire des colloques proustologiques, ce n'était ni les vertus du *Temps perdu*, ni les prestiges du *Temps retrouvé*… Non, la grande leçon qu'il avait retenue, c'était que la bonté, en dernière instance, est toujours supérieure à l'intelligence. Et Michel – qui avait la réputation d'avoir été combatif, et parfois belliqueux, dans sa jeunesse et son âge mûr – était devenu, par grâce marcellienne, un homme bon, simplement bon, d'une bonté presque contemplative, capable de pleurer devant la perfection du monde et de certains êtres, de ses amis, des femmes qu'il adorait et qui veillaient sur lui de près ou de loin – tant elles avaient compris qu'il était leur meilleur allié.

Pour le reste, il n'en finissait pas de trouver, presque d'inventer, des pépites proustiennes : les dernières qu'il voulut bien partager avec moi furent consacrées à la métamorphose de Charles Haas en Charles Swann, c'est-à-dire d'un lièvre allemand en un cygne anglais. L'amusait également le fait que l'auteur de la *Recherche*, grand insomniaque, avait une mère qui se nommait Mme Weil…

Le dernier ouvrage de Michel, celui qui précisément ne voulait pas distinguer entre *Les femmes et les livres*, était un ouvrage dément. On y trouve surtout une conviction singulière, claironnée dès son titre, et bien périlleuse par les temps qui courent, selon laquelle « le mystère du monde se joue entre les pages des livres et les jambes des femmes » – amusant de penser que François Truffaut, à sa façon, disait à peu près la même chose à travers la bouche de l'acteur Charles Denner.

Les livres, leurs pages, les jambes des filles, deux origines du monde, deux compas qui le mesurent… Schneider admet qu'il les avait toujours confondus « dans un même désir de les ouvrir, de les feuilleter, de s'y plonger voluptueusement, de s'y perdre, de s'y cacher dans le vrai et le doux… » La chair ou le papier ? Les sens ou le sens ? L'Être ou la lettre ?

Ce livre, Michel l'avait écrit comme Shéhérazade racontait ses histoires : sous le regard cruel de la mort, ce sultan qui peut par caprice abréger notre course et faire en sorte que le livre de nos existences reste à jamais inachevé. Comme Shéhérazade, comme Proust, Michel avait ainsi la crainte de mourir s'il cessait trop vite d'ajouter des mots aux mots, des pages aux pages – jusqu'à ce que mort s'ensuive.

Le sultan l'a finalement emporté sur le conteur. Logique. Rien à redire. C'était prévu. Mais ce genre de victoire est illusoire puisque le dernier livre de Michel, ainsi que les précédents, existent et existeront longtemps. La mort ne peut rien contre l'esprit qui toujours lui survit. Ni contre l'art qui triomphe sans effort de toutes les absences.

Marcellisme

Longtemps, je me suis satisfait du proustisme de bonne société qui est d'usage chez les apprentis mondains, et je m'y abreuvais avec autant de volupté que d'approximation. Je circulais dans cet univers miniature avec l'aisance d'un habitué. J'y faisais moisson d'allusions, de mots de passe, de références légères et propres à faciliter mon plain-pied avec les cénacles déjà proustifiés dans lesquels je croyais indispensable de m'introduire. Quant aux Saint-Loup, Oriane, Charlus ou Bloch qui peuplaient cette machinerie sophistiquée, je les rencontrais chaque jour dans ma vie réelle, mais ils prenaient soudain, grâce à ce livre absolu, une profondeur magnifiquement enrichie par leurs doubles fictifs et momifiés dans d'interminables phrases-bandelettes.

Pour celui que j'étais en ce temps-là, l'affaire était simple : Dieu avait créé son monde en sept jours, Marcel avait créé le sien en sept volumes. J'admirais cette *cathédrale* éblouissante, mais la vérité proustienne, pour fascinante qu'elle fût, demeurait extérieure à ce qui m'importait vraiment. Sur le fond, Marcel m'accompagnait dans l'existence avec ses manies de vieux garçon, son asthme, sa sexualité compliquée, son snobisme, ses obsessions de salon, ses créatures plus ou moins tordues, mais cela n'engageait pas l'essentiel de mon cœur. Pour en savoir davantage sur le sublime et le dérisoire des âmes humaines, je m'en remettais plus volontiers à Balzac, à Shakespeare, à Stendhal, à Diderot, sans parler des philosophes que je fréquentais à l'époque avec de grandes espérances.

Ce Proust-là était propice à des jeux de société – dont j'ai déjà donné un aperçu en évoquant mon admission de jadis dans le royaume de Saganie – et servait souvent de prétexte à de charmantes complicités. Ma mère se prénommait Gilberte. Une Odette figurait en bonne place dans le groupe de mes premières jeunes filles en fleurs. Le fameux questionnaire, la tasse de thé, les pavés mal équarris, les tissus de Fortuny et le pèlerinage à Illiers-Combray bouclaient cette boucle de culture sans conséquence. J'avais même commis un article dans lequel, en limier proustologue, j'avais traqué les indices qui permettaient de deviner qu'Albertine était en réalité un solide gaillard prénommé Alfred. Je n'en avais trouvé qu'un – il est vrai que Paul Morand m'avait un peu précédé dans cette découverte – grâce au kimono dans la poche duquel Albertine dissimule une lettre alors que ce vêtement, s'il est porté par une femme, n'avait à l'époque jamais de poche... On mesurera à cette sorte d'exploit le côté frivole, la dimension bibelot, et pour tout dire assez vaine, de ma proximité avec ce proustisme élémentaire que je préfère appeler, afin de l'amoindrir, le *marcellisme*.

Puis, avec l'âge, tout s'est transformé. J'étais mieux instruit des choses de la vie. Le temps et les circonstances m'avaient gratifié de quelques cicatrices. J'en étais à ma troisième ou quatrième lecture de la *Recherche* quand, alors que je ne m'y attendais guère, je compris, grâce au Marcel Proust d'*Albertine disparue*, que l'amour – dont j'expérimentais pour la premier fois le versant douloureux – était, en toutes circonstances, « la preuve du peu qu'est la réalité pour nous ».

Comment cela était-il advenu ? Qui en avait été le fatal prétexte ? Peu importe. Je venais d'admettre, dans ma chair, dans ma tête, dans mon esprit pourtant fier de son ancienne lucidité, et à cause d'une créature *qui n'était pas mon genre*, que l'histoire sentimentale que j'étais en train de vivre n'avait aucun rapport avec la réalité que je m'étais inventée, et que tout ce qui, en elle, me ravissait ou m'inquiétait n'avait d'existence que dans ma propre volonté de m'abuser. Évidemment, cela signifiait que l'amour en question n'en était pas un. Que l'amour lui-même n'était peut-être qu'une illusion. Et que seule m'y attachait un sentiment que je n'avais alors jamais éprouvé : la jalousie.

Peu d'êtres savent en vérité ce qu'est la jalousie – même si beaucoup croient l'éprouver superficiellement de temps à autre. Avec Proust, d'un coup, j'ai réalisé que la jalousie n'est pas la conséquence d'un amour malheureux, mais la cause d'un amour qui, avant qu'elle se manifeste, n'existe pas. J'étais devenu jaloux de la créature qui n'était pas mon genre et, partant, je m'étais mis à l'aimer – ce qui, on en conviendra, était absurde. Or, soudain, je m'avisais que la même mésaventure avait déjà accablé le pauvre Swann puis, quelques centaines de pages plus loin, le Narrateur proustien lui-même. Je découvris alors que la *Recherche* ne parlait que de ce drame aussi bizarre que dangereux.

Car cette jalousie pathologique – que Proust définit comme « l'ombre de l'amour », comme « son excroissance lamentable et contradictoire » – est encore plus que cela : c'est une maladie qui, née de rien, précède l'amour qu'elle déclenche, et qui possède la fâcheuse particularité de lui survivre lorsque cette cause vient à disparaître. Je venais, en somme, de comprendre que ce n'était pas l'amour qui attache l'amoureux à une personne (puisque l'amour, venant de soi et non de l'autre, invente toujours son objet, de préférence inaccessible ou, au moins, non possédé), mais c'est la jalousie qui lui rend cette personne indispensable.

Il avait fallu, en l'occurrence, que la vie me jette dans une situation proustienne pour que je mesure le génie de Proust. Cette découverte n'a rien changé à ma façon de souffrir alors – mais je savais que je n'étais pas seul dans cette géhenne et je cheminais de confiance avec mon compagnon asthmatique. Aujourd'hui, je ne suis plus dupe de ce brûlant tourbillon d'affects. Marcel a ignifugé mon cœur. Suis-je plus heureux pour autant ? Je ne le crois pas. Mais je me sens plus libre. Et moins seul – ce qui n'est pas négligeable.

Vingt fois Aragon

On pourrait dire, sans trop malmener la vérité, que Louis Aragon – que je n'ai jamais rencontré, malgré ce que j'ai pu prétendre ici ou là – est devenu, au fil d'imaginations récurrentes et rigoureuses, mon plus cher compagnon de vie. Or, je n'ignore pas que ce barde immense fut aussi une canaille de première grandeur, un zélé moscovite, un esclave des deux Maurice (Barrès et Thorez), un poète-Guépéou et, jusqu'à la fin, un serviteur accompli du Grand Mensonge. Or, par-delà chacune de ses petites infamies, je n'ai pu m'empêcher d'admirer ce tricheur, de le vénérer, de le mêler aux meilleurs moments de mon existence en lui empruntant des phrases, des vers, des désinvoltures qui, comme des filets magiques, n'ont jamais manqué de me ramener des pêches toujours miraculeuses. Cet enthousiasme paradoxal m'autorise, certaines nuits, à lui parler fantasmatiquement, et à lui poser quelques-unes des questions qui, s'il consentait à y répondre, éclaireraient enfin une quinzaine de légendes le concernant…

1/… alors, cher Louis, dis-le-moi enfin, as-tu vraiment adoré cette fourbe Elsa aux yeux pers ? N'était-elle pas le simple porte-manteau sur lequel, par commodité, tu as réglé ta lyre une fois pour toutes afin d'illustrer, sans trop y croire, ton idée du Haut-Amour ?

2/ Penses-tu qu'elle avait été placée à tes côtés par un Komintern toujours attentif à tes faits et gestes, surtout les plus inconvenants ? Des responsables d'envergure m'assurent qu'on trouve encore quelques-uns de ses rapports hebdomadaires dans les archives du Kremlin… Ça doit être très intéressant…

3/ Cette muse officielle – allons, il y a prescription, tu peux tout m'avouer… – ne serait-elle pas plutôt le prétexte d'une passion-Potemkine dont chaque élément de décor – du Cyrano au Moulin de Saint-Arnoult, qui figurent les deux bornes de ta vie – a été mis en scène par le KGB ? Après tout, tu pouvais encore servir en cas de futur Coup de Prague ou autre invasion de la Hongrie…

4/ Autre sujet : as-tu vraiment fait l'amour avec Pierre Drieu la Rochelle, une nuit de juillet 1926, sur la plage d'Anglet ? Cette hypothèse m'a été vendue comme une vérité incontestable par Emmanuel Berl. Je suppose que tu vas me dire que ce Berl – qu'au fond, tu n'as jamais aimé… Trop bourgeois, pas assez français, même pas russe… – ne détestait pas le bavardage fantaisiste et disait volontiers n'importe quoi pour le seul plaisir d'avoir l'air informé. Mais, *por favor*, n'élude pas ma question car nul, pas même toi, ne saurait plaisanter avec les alcôves de la littérature.

5/ D'après toi, pourquoi Drieu avait-il tant de succès avec les femmes – auxquelles, c'est officiel, il ne faisait pas grand-chose ? À cause de ses bonnes manières ? De ses costumes de coupe anglaise ? De son côté nazi en tweed ? De ses impuissances, précisément ?

6/ D'ailleurs, dix ans après son suicide, ne lui aurais-tu pas donné un coup de main pour entrer au Parti ou à l'Académie ? Malraux, devenu ministre, ne s'y serait pas opposé… Comme quoi, ça ne sert à rien de se suicider trop tôt…

7/ Pourquoi, oui pourquoi un type de ton calibre, un artiste plus doué que Balzac et Musset réunis, s'est-il cru obligé de consacrer des années de sa vie d'écrivain à la saga réaliste-socialiste des *Communistes* ? Avais-tu sous-traité l'affaire à un polygraphe du Parti ou des Éditions Sociales ? Est-il vrai que tu en avais dédicacé un exemplaire à Khrouchtchev au moment même où celui-ci faisait son bras de fer avec le bientôt assassiné président Kennedy ? J'ai du mal, franchement, à supposer que tu étais jadis descendu aussi bas…

8/ Bon arrivons maintenant au dossier Nancy Cunard… (à ce sujet avais-tu remarqué, cher Louis, que j'en avais fait la quasi-héroïne de mon avant-dernier roman intitulé *Ce qui plaisait à Blanche* ? Et ce prénom, Blanche, je l'avais évidemment choisi en pensant à toi… Ça doit tout de même te rappeler quelque chose, même si, pour toi, Blanche ou l'oubli c'est la même chose…) Donc, Nancy… était-elle vraiment la nymphomane que décrivent la plupart de ses amants ? Préférait-elle, comme Ezra Pound l'affirmait, « les léchages et la sodomie » ? Avais-tu été séduit par son intelligence, sa sensualité impossible, son arbre généalogique ou son immense fortune ? Quel rôle jouèrent, dans vos jeux érotiques, les nombreux bracelets qu'elle portait à chaque bras ? T'avait-elle assigné à un statut de voyeur vicieux et candauliste pendant ses ébats avec les clochards qu'elle ramassait en fin de journée autour de la rue Le Regrattier ?

9/ Nourissier m'a raconté que tu avais très tôt renoncé à la satisfaire car elle n'aimait que les Noirs. « Impossible de rivaliser », aurais-tu dit, avant d'ajouter : « En plus, il fallait la besogner toute la nuit… » Est-ce exact ?

10/ À propos de Nourissier, encore : dans *À défaut de génie*, il raconte que vous dîniez au Stella de l'avenue Victor-Hugo quand le chauffeur que le Parti avait mis à ta disposition t'avait murmuré à l'oreille que Nancy venait de mourir à l'hôpital Cochin… Sur quoi, tu te serais contenté de marmonner : « C'est Elsa qui va être contente… » Tu confirmes ?

11/ Pourquoi avais-tu fait semblant de te suicider, à Venise, dans une chambre de l'hôtel Luna ? Par déconvenue d'amour ? Par jalousie ? Parce que tu n'avais pas de quoi payer l'hôtel ?

12/ Avais-tu fait une copie de *La Défense de l'infini* avant de jeter ton manuscrit dans une cheminée de l'Excelsior à Madrid ? À l'époque, ça t'avait rapporté quoi tout ce cinéma ?

13/ Pour changer de sujet : avais-tu éprouvé de la vraie sympathie, ou de la jalousie, pour Maïakovski et pour René Crevel ? Pour Breton ?

14/ Avais-tu cru sincèrement que le communisme était la voie royale de l'avenir radieux ? Ou n'était-ce qu'un écran commode derrière lequel on te donnait le droit, ta vie durant, d'abriter tes petites obscénités de garçon ?

15/ À quel âge avais-tu fini par comprendre que ta *sœur*, en vérité, était ta mère ? T'en étais-tu douté ? L'anarchiste en toi était-il furieux d'avoir été conçu par un préfet ? As-tu jamais dit « maman » dans ta vie ?

16/ Revenons à Breton : tu as souvent affirmé que c'était « le plus méchant de toute la bande ». À Pierre Daix, tu aurais même ajouté : « Un vrai petit Beria, ce type... À la Loubianka, il aurait pu donner toute la mesure de ses talents sadiques... Et, en plus, il voulait m'interdire d'écrire des romans... Ben voyons, hein ! » Tu persistes et signes ?

17 / As-tu des informations inédites sur le retentissant assassinat de l'éditeur Denoël à la Libération ? Elsa avait-elle trempé dans cette affaire ? On dit que l'assassiné avait dans son coffre un manuscrit compromettant... Tu t'en souviens ?

18/ Ta complicité avec Edmonde Charles-Roux était-elle aussi vive que celle-ci le prétendait ? L'aimais-tu ? Avais-tu choisi ce potentat de second ordre pour apprendre les usages en vogue chez les grands bourgeois ?

19/ Combien de temps te fallait-il, à ta meilleure saison, pour composer un poème parfait ? Un an ? Une minute ? Une nuit ? Une seconde ?

20/ À part toi-même, ô champion de l'éternel amour, qui as-tu vraiment aimé dans ta vie ?

Le théorème de Cadamour

— *Pour prolonger les lignes précédentes, je remarque que vous êtes en train de (re)lire* La Semaine Sainte *de votre bel Aragon... Décidément, il ne vous lâche pas celui-là...*

— En effet... l'Aragon de cette *Semaine Sainte* est plus que jamais virtuose, c'est un orchestre à lui tout seul, mais ce roman est l'une de ses rares œuvres, avec *Les Communistes*, qui ne m'émeut pas...

— *L'émotion, en littérature, n'est pas indispensable...*

— C'est exact, mais là, il y a trop de tintamarre ! Trop de pittoresque d'époque ! Avec cuivres, trombones, cymbales... On y entend parfois, en arrière-fond musical, une bonne dizaine de violons... Que voulez-vous, le petit Louis avait besoin de prouver qu'il pouvait, lui aussi, écrire son *Salammbô*...

— *Mais alors, pourquoi le relire ?*

— Parce que j'ai envie de mieux connaître un personnage parfaitement secondaire de ce roman, lui-même abondamment rempli de personnages secondaires... Un type dont personne ne devrait se souvenir, mais qui incarne à lui seul une catégorie d'humain très mal repérée dans l'actuelle comédie littéraire. Il s'agit d'un certain Cadamour…

— *Précisez…*

— Ce personnage était une espèce de matamore à la plastique avantageuse, taillé comme un demi-dieu… C'était surtout, en 1830, un modèle de profession qui, après avoir posé pour Girodet et Prud'hon, fut si bien mobilisé dans toutes les batailles peintes par David et Géricault que ses deltoïdes, à la longue, figurèrent aussi bien aux Thermopyles que parmi les morts du cimetière d'Eylau, de telle sorte que le public, croisant Cadamour au Palais-Royal ou aux Tuileries, se prosternait devant lui en hommage à ses exploits picturaux vite devenus exploits guerriers et bien réels dans l'esprit des badauds… Cadamour était devenu une sorte de héros par usurpation ou, si vous préférez, par proximité avec des hauts faits militaires qu'il illustrait, et par contacts picturaux avec la représentation de héros véritables… Il n'avait jamais quitté l'atelier des maîtres qui le paraient de toge romaine ou de cuirasse de centurion, mais cela suffisait à lui procurer une petite pelote de notoriété, voire de légende…

— *Quel rapport avec la comédie littéraire ?*

— Ce genre d'individu ne vous fait-il pas penser à tous les rôles secondaires de la paralittérature qui, par proximité avec les premiers rôles ou avec les grands événements, ont également droit à leur prestige ? Il leur aura suffi d'être sur la bonne photo au bon moment… Avec Malraux pendant la guerre d'Espagne, au dernier bal

Volpi avec Truman Capote, avec Sagan à Saint-Tropez, avec Hemingway à Cuba, et le tour est presque joué : Cadamour a pris son bénéfice, il peut jouir de sa *réputation de capillarité*, il pourra même publier ses mémoires le jour venu… Vous voulez des noms ?

La nuit étoilée

Les livres qui tapissent mon refuge m'enveloppent et me protègent. Leurs reliures dorées, rutilantes, pâles, leurs tranches en lambeaux, leurs pages fraîches ou jaunies, répandent un éclat de sérénité qui m'offre un rempart bienfaisant.

Gisements de joies et de curiosités... Lignes de fuite vers l'horizon intérieur des choses...

Je me souviens de la bibliothèque du père de Chamfort qui ne conservait des livres que les pages qui lui avaient plu. Elle ressemblait, précisait-il, à un édifice branlant et peuplé de squelettes en papier.

Mes livres, eux, sont intacts. Mais ils n'appartiennent pas tous à la même famille. Certains ont été lus, usés et seront peut-être relus si la Providence m'accorde plusieurs vies. D'autres n'ont jamais été ouverts même si leur présence ne m'interdit pas de m'y plonger un jour prochain. Il y a aussi les livres qui ont été mes merveilleux compagnons, mais que je ne fréquenterai plus puisque je crois les connaître assez, et puisque le temps s'enfuit, ce sont des livres *endormis* en quelque sorte, que je n'identifie pas aussitôt – comment le pourrais-je ? Paisibles, ignorant leur sort, ils s'imaginent sans doute que je me promènerai à nouveau dans leurs pages qui jadis surent si bien me rendre heureux ou plus intelligent.

De même, parmi ces livres endormis, il y a ceux que je n'ai jamais ouverts mais dont la proximité m'apaise par leur seule présence, comme la réserve-or d'une banque centrale. M'attaquerai-je jamais à certains massifs obscurs comme *Finnegans Wake* ou *Le Paradis perdu* de l'immense Milton, ces chefs-d'œuvre que l'on m'a cent fois prié de lire, et dont j'ignore tout sinon par ouï-dire ? Ces livres, parmi mille autres qui me contemplent avec douceur, auraient pu, eux aussi, infléchir mon existence. J'entends leurs reproches. Ils m'en veulent d'avoir négligé leurs remèdes particuliers, ainsi que leurs ruses bénéfiques ou diaboliques. Seuls les sept volumes marcelliens semblent confiants et ne doutent pas de retrouver mon regard de chaque jour, même si leur éternité n'a guère besoin de ma piété.

Pour distinguer les livres endormis des livres promis à une découverte ultérieure ou à une résurrection, la fantaisie me prend parfois d'imaginer une myriade de petites ampoules de diverses couleurs, visibles de moi seul et animées par un génie facétieux qui se serait de lui-même mis à mon service.

Les ampoules rouges signaleraient les ouvrages relégués, ou jamais lus, ou que je ne consulterai plus. Les ampoules vertes s'attacheraient aux ouvrages encore vivants que je découvrirai, ou que je relirai peut-être un jour.

Équipée de la sorte, ma bibliothèque scintillerait à ma demande. Ce serait une illumination mélancolique. Un résumé de ma vie passée ou à venir. Une sorte de *Nuit étoilée* de Van Gogh réservée à mon unique et égoïste usage.

Un jour, vers la fin, toutes les ampoules seront inéluctablement rouges, ce qui signifiera que mon dernier chapitre, mes dernières lignes de vie sont proches, que je n'aurai plus le temps de rendre visite à un seul de ces excellents amis. Le génie facétieux me signifierait par cet artifice coloré que la mort s'intéresse à moi. Qu'elle patiente déjà dans mon refuge. Que je dois me préparer.

Chaque fois, je me souviens alors de ce marquis guillotiné pendant la Révolution, un certain marquis de Céraste je crois, qui, lisant un ouvrage de philosophie dans la charrette qui le menait à l'échafaud, corna la page à laquelle il avait dû s'interrompre avant de confier sa nuque au bourreau indifférent. Son geste m'émeut. Il suggère qu'on peut encore lire dans l'au-delà, pour peu que l'on accorde du crédit à cette aimable fable.

Frère maudit

J'ai souvent eu envie de détester l'étrange Pierre Drieu la Rochelle – mais la complexité de son cas, l'indulgence relative qu'il inspire et un certain respect coupé de dégoût font que je n'y suis jamais vraiment parvenu.

Parfois, je ne pardonne pas à cet écrivain brillant et inégal d'avoir été un auxiliaire de l'apocalypse, un séducteur lascif et jouissant parmi des décombres dont sa mélancolie avait hâté l'avènement. Ses passions tristes, ses délires nietzschéo-hindouistes, si souvent assortis de quelques vilenies, me paraissent alors vulgaires et incompréhensibles.

Mais il m'arrive aussi de le regarder comme un supplicié, un damné, presque un frère maudit, qui tend à son insu un miroir à ce qu'il y a de pire en chacun. Sa panique devant le néant promis, son goût de l'échec, sa tentation crépusculaire, sa façon de trahir, de se perdre, de décevoir, reste sans équivalent dans nos panoplies littéraires. Drieu est un coupable idéal tandis que son personnage est aussi le complice naturel de n'importe quel égaré de la vie. Une drôle d'histoire…

Dans son cas, c'est la haine qu'il se portait à lui-même qui décida de tout. Elle en fit un écrivain-miroir pour qui aura connu le goût amer du fiasco et de la débâcle. C'est ainsi, dans les seules ténèbres du cœur, dans nos propres insuffisances ou à travers nos lâchetés, que l'on pourra, par-delà l'infamie qui lui fait cortège, devenir l'intime embarrassé de ce Drieu. Et parfois l'aimer. Le reste ne relève que de l'idéologie, qui est si peu au regard du tempérament.

D'où la mystérieuse proximité qu'inspire cet infréquentable, et qui reste son vrai privilège d'outre-tombe. On essaie de lui parler. On lui tend la main. Puis on brûle soudain à son contact. Sa noirceur calcine et dévore. Nul ne revient indemne des circonstances atténuantes qu'il réclame et qu'on lui accorde parfois.

Pour son malheur, Drieu était moins furieusement doué qu'Aragon. Moins agité que Malraux. Moins génial que Céline. Un mauvais charme émane cependant, aujourd'hui encore, de sa personne et de son désarroi, alors que ses rivaux d'époque ne parlent désormais qu'à travers leurs œuvres. Un charme posthume et vénéneux. Qui peut pincer le cœur. Qui curieusement pince le mien.

Il est également possible de tout reconsidérer à l'envers. D'imaginer que le 15 mars 1945, Pierre Drieu la Rochelle a survécu à son second suicide. Que Malraux l'a convaincu d'enfiler un uniforme de la brigade Alsace-Lorraine (« sous pseudonyme et sans commandement… »). Qu'Emmanuel Berl l'a caché dans une cave ou en province le temps que les choses se tassent. Que Bertrand de Jouvenel a plaidé sa cause auprès d'un président du Conseil de la IVe République…

… « Pierre », comme tant d'autres, se serait alors sorti d'affaire. Après quelques années discrètes, il aurait publié des mémoires aussi rectifiés que ceux de Chateaubriand et n'aurait pas tardé à faire son entrée sous la Coupole au fauteuil de quelque écrivain démocrate-chrétien. Notable assagi et antimoderne, il aurait même hérité du rez-de-chaussée du *Figaro*. Mitterrand aurait déjeuné avec lui chez Lipp où, en l'apercevant, Romain Gary n'aurait pas manqué de vouloir lui casser la gueule. Telle est la comédie française du Bien et du Mal. Après tout, Morand ou Chardonne en avaient autant que lui sur la conscience. Ils se soucièrent seulement d'être plus malins. Et moins courageux.

Son univers romanesque, quoi qu'on en pense, ne manque pas d'allure. Des fictions confessionnelles, des chapitres peuplés d'hommes trompés, de femmes méprisées, de héros à la virilité fragile, d'âpres diagnostics sur la décadence et le culte du ratage – en amour, en politique. L'ensemble tient le coup. Il en sourd un climat blafard qui fascine ou insupporte, et Drieu s'y révèle tout entier. Avec son mélange de sincérité et de truquage, d'abandon et de torses bombés, d'impuissance et d'audace, de femmes habillées par Poiret et de nazisme en tweed. Beaucoup de soldats, de prostituées, de suicidés dans ses pages. Avec des pulsions anarchistes zébrées d'appels à la discipline.

Pour la plupart, ses romans doivent être lus à l'adolescence, quand on ignore encore que « cette vie, malgré tout, fut belle ». Par malchance, Drieu la Rochelle, qui n'a jamais envisagé de vieillir, a choisi de s'en tenir à une immaturité perpétuelle. Il était seulement pressé de vérifier le goût du pire, de la décomposition, du néant, dont son corps lui donnait parfois l'intuition.

Le pire ? Il le rencontra très tôt, dès 1934, en devenant antisémite. « Ça l'a pris comme un diabète », observe Berl. Or l'antisémitisme est une maladie à évolution lente, aux rares rémissions, et c'est à peine si on peut en pointer les premières attaques dans *La Comédie de Charleroi*, où Drieu décrit une Mme Pragen affligée de « signes juifs » : « Elle avait une nuque servile et des hanches relâchées. » À partir de là, comme chez Céline, le juif aimante ses allergies, fixe ses phobies, lui fournit son lot sans cesse renouvelé de métaphores nauséeuses.

Le « diabète » n'en finira pas de s'aggraver, jusqu'à la fin, jusqu'au *Journal*, où, parlant de Colette Jéramec, son épouse pourtant, il note : « Je hais les juifs... J'ai toujours su que je les haïssais. Quand j'ai épousé Colette, je savais quelle saloperie je commettais... Je n'ai jamais pu la baiser à cause de cela... » L'antisémitisme comme excuse à l'impuissance ? C'est, dans le cas de Drieu, une thèse qui se défend.

Restent les livres qui débordent largement ce cloaque – même si Malraux exagère lorsqu'il fait de son petit camarade un « styliste de premier ordre » et un « magnifique écrivain » – mais quelque chose attire et trouble dans la prose de Drieu : un balancement entre la nuit et la poésie, entre la gravité et la désinvolture. S'y mêle un interminable ressac entre le « je » et le « il » – qui, dans ses romans, se fondent en une seule sonorité, « je-il », c'est-à-dire « Gilles », ce prénom fétiche qui, venu de Watteau, affuble souvent ses héros. J'y pense souvent quand je regarde le totem nomade qui figure en bonne place sur mon Mur Sacré.

Avec cet esthète qui apprécie la sueur de Jacques Doriot, ce romantique déconcerté, cet intellectuel qui prend l'intelligence en haine, la fraternité n'est jamais à la fête. Il la remplace par le cynisme, par une misogynie fracassante, par la fréquentation des bordels où « la souillure l'effraie comme un miroir ».

Au fond, « Pierre » est un collectionneur de déceptions : il guette le moment où ses maîtresses vont rejoindre le mari qu'elles ont brièvement quitté pour lui ; il maudit la démocratie qui carbure au Pernod. Ce vrac de contradictions mijote dans son cerveau-laboratoire. La nuit, de son propre aveu, il rêve que ses dents sont recouvertes de cendres.

Le « dernier jour » de sa vie, Drieu le passa à lire le manuscrit d'*Aurélien*, que lui avait envoyé Paulhan. Dans ce chef-d'œuvre d'Aragon, il se reconnaît autant qu'Aragon put se reconnaître dans certains profils de *Gilles.* Il y aura ensuite son refus de se joindre à la misérable équipée de Sigmaringen. Il sait qu'on ne peut plus rien pour lui. Le communisme le tente. Trop tard. Il est las d'avoir allumé ses convictions les unes aux autres, comme ses cigarettes.

Qu'importe, dès lors, si tout se mélange dans sa tête ? Les Ballets russes et Nuremberg, le dandy et le nazi, l'*Adolphe* de Benjamin Constant et Hitler, Watteau et Doriot, le tweed et le gaz, l'héroïsme et la veulerie, l'encre et le sang. Ses maîtresses elles-mêmes ne savent plus qui il est. « Pourquoi veux-tu ressembler à ce que tu n'es pas » ? » lui demande Victoria Ocampo.

« La beauté de mourir me console d'avoir mal vécu », écrit-il avant d'absorber sa dose de Luminal. Il laisse une œuvre taillée dans ce mal-être grinçant. Aujourd'hui, Drieu paie au prix fort le fait d'avoir été son propre bourreau. Il attendait sans doute un jugement en appel. Voire en cassation. Nous y sommes peut-être.

La passion du bizarre

De toutes les vertus dont je me sais dépourvu, l'excentricité est celle qui m'inspire les plus vifs regrets.

Dérégler la réalité, l'augmenter des possibles qu'elle réserve aux plus audacieux, y injecter des surdoses d'extrême fantaisie, voilà qui m'aurait ravi – alors que, par tempérament, je ne me complais que dans le conforme et le prévisible.

Dans cet ordre, les Anglais sont insurpassables tant ils reçoivent, dès la naissance, l'accès de plain-pied avec le stock d'extravagances, de ridicules, de plaisants délires, qui font partie du patrimoine éternel de la grande nation britannique.

Il se trouve cependant que des spécimens issus d'autres peuples ont imité, et parfois égalé, les facétieux d'outre-Manche. Ils se recrutent pour la plupart parmi les écrivains – qui sont sans doute plus prompts que d'autres à débusquer le bizarre et à s'en éprendre. Cela signifie-t-il que l'excentricité est par elle-même une nation ? Qu'elle aimante et stimule les esprits singuliers d'où qu'ils viennent ? J'en suis convaincu. Et dans cette nation, que je ne me lasse pas de revisiter, ne se rassemblent que les êtres qui, afin d'agacer le néant promis, ajoutent volontiers de l'amusement, du *nonsense* et du dérisoire à l'existence.

À quoi pensait donc le poète Thomas de Quincey, déjà intime de tous les mystères, lorsqu'il s'acharna à devenir l'inventeur d'un idiome énigmatique et inutile, le *Ziph*, dont il imagina la syntaxe, le vocabulaire et quelques étymologies délirantes ? La légende (en tout point exacte si l'on en croit Baudelaire et Huysmans) affirme de surcroît que, dès qu'il surdosait sa prise quotidienne d'opium, cet érudit perfectionnait sans relâche sa science des langues antiques afin de bavarder par-delà le temps avec Cicéron ou d'haranguer en grec une foule athénienne. Épuisé après cette performance, il convoquait volontiers la foule de ses admirateurs dans un bain public et se trempait devant eux dans un tonneau rempli de vin résiné – dont il développa les vertus médicinales dans son traité sur *La Toilette de la dame hébraïque.*

De même, j'aurais eu plaisir à disposer de l'aplomb d'un Raymond Roussel qui préférait choisir chacun des spectateurs de ses pièces de théâtre, et les rétribuer lui-même selon l'intensité de leurs applaudissements, plutôt que de s'en remettre au jugement d'un public ignorant et indocile. Il est à noter que le même homme, grâce à sa fortune, possédait un splendide trois-mâts dans lequel il occupait une cabine dont les hublots étaient clos pendant ses longues traversées. Il se rendit ainsi en Polynésie et aux Indes sans prendre la peine de jeter un œil sur le ciel ou les paysages qu'il décrivait pourtant dans des ouvrages d'un grand réalisme.

J'aimerais également citer le cas de l'un de mes chers amis londoniens, disciple rétrospectif des poètes lakistes, qui vient de faire installer une pleine lune artificielle dans son parc – l'astre en question étant dissimulé, quoique visible, par les feuillages d'un peuplier, de telle sorte qu'on peut l'allumer ou l'éteindre à sa guise, afin d'enhardir les tempéraments romantiques, en pressant une pomme de pin déguisée en interrupteur et disposée à cet effet.

Rien, sur ce registre, ne surpasse pourtant le drolatique Kafka, surtout en ce 17 novembre 1912 d'illustre mémoire, quand, vers midi, il eut la certitude qu'il se réveillait dans le corps d'un insecte. C'était un dimanche. Il attendait une lettre de Felice Bauer. Il voulut aller au-devant du cocher qui devait la lui remettre. Mais il n'y parvint pas car ses membres, qu'il devina soudain griffus et velus, ne le portaient plus. La suite de cette *Métamorphose* s'écrivit toute seule.

Je n'oublie pas davantage le charmant précédent de Lady Mendl – cette femme laide qui devint belle à force de volonté et de bon goût. Il est précisé dans les écrits des habitués du *Bloomsbury Groups* que cette décoratrice de renom se croyait propriétaire de la couleur beige et hurlait « my beige, my beige ! » devant le Parthénon, le mont

Rushmore ou les rochers du cap Ferrat. Elle alla même jusqu'à exiger, de la nature, des droits d'auteur, dans un pamphlet que Truman Capote devait préfacer – avant d'être éconduit car il avait eu l'insolence de porter une cravate dont la couleur appartenait à l'irascible Lady.

Ma tendresse ultime va surtout aux quelques dandys curieusement pileux installés à Venise, que Paul Morand baptisa « Club des longues moustaches ». Ses membres fondateurs se nommaient Henri de Régnier, Francis de Miomandre, Eugène Marsan et Jean-Louis Vaudoyer. Ces charmants vieux garçons avaient compris que la gloire immédiate n'était pas faite pour eux et, à titre de consolation, ils avaient pris l'habitude de se réunir au Café Florian autour d'un punch rose à l'alkermès. Chaque nouveau candidat à cette noble assemblée devait réciter quelques vers et fumer un corona ou un bolivar jusqu'au bout sans faire tomber la cendre. S'il y parvenait, cela pouvait signifier qu'il épouserait la reine Victoria dans les six mois. Pour être digne de la fortune ainsi promise, il s'empressait de régaler ses amis et de leur offrir à boire en l'honneur du lendemain. Ces esprits chevaleresques et irritables pensaient qu'on les admirerait bien après leur terrestre trépas – mais je ne peux feuilleter leurs romans aux titres aussi désuets que *Le Boudoir de Proserpine*, *L'Alcyone* ou *La Double Maîtresse* sans penser qu'ils se trompaient peut-être.

J'ajouterai, à titre de conclusion provisoire, que je m'étais moi-même, malgré mes inaptitudes, rendu coupable d'une honorable excentricité par personne interposée. Afin de m'attribuer un lignage saugrenu, j'avais en effet imaginé, donc affirmé, dans mon premier livre que mon propre père, *mensch* admirable quoique fort peu lettré – j'en avais fait, par caprice, un membre de l'inexistante Société Royale des amis de Shakespeare –, appréciait tellement l'acte V de *Hamlet* qu'il avait légué son crâne au Théâtre de Stratford-upon-Avon afin que celui-ci soit utilisé dans le fameux monologue de Yorick à l'occasion de représentations coïncidant avec le jour de sa mort. C'était évidemment inexact, et je n'ai pas manqué de rétablir la vérité quelque vingt ans plus tard dans un ouvrage moins trafiqué.

Hélas, l'affaire s'ébruita malgré l'exiguïté de mon lectorat, et plusieurs ouvrages consacrés aux excentriques contemporains la mentionnent, ce qui fait de mon père, qui en serait bien surpris, le voisin de chapitre de certains des plus fameux hurluberlus du siècle précédent. Cette excentricité quasi britannique résume mon unique excursion au pays du bizarre. Je n'en rougis jamais.

Adieu Morand

Ce mirobolant Morand ultime rameau d'un monde ancien épilogue symbolique d'une espèce luxueuse et nomade intime des pur-sang des pavillons d'amour des cylindrées de grande race des bordels d'Europe des salons du Champ-de-Mars ce *lion* aux pommettes d'Asiate en qui survivait toute une généalogie bordée par les pétroles roumains le Quai d'Orsay et la banque grecque ce champion du monde des bals masqués et des dîners huppés cet homme pressé toujours sanglé Savile Row on peut me croire je l'ai longtemps admiré vénéré envié cité imaginé il m'est même arrivé d'avoir envie d'être lui ce qui chez moi n'est pas fréquent on peut me croire un sortilège j'en jurerais qui a duré plus qu'il n'aurait dû et autant l'avouer ce virtuose du rythme en voltes et syncopes m'a longtemps ébloui j'en avais fait un maître à l'égal du rapide Stendhal un collègue de l'unique Charles-Joseph de Ligne un spécimen rare d'humanité heureuse et tonique…

… et puis, tout s'est défait.

Il y avait eu des signes avant-coureurs, des craintes, des malaises (*France la Doulce*, quelques lettres à Nimier ou

Chardonne), et tout s'est soudain fracassé… À cause d'un ouvrage posthume, ce maudit *Journal inutile*, monument abject, tissu d'infamies, de fiel, de minables calculs, de haines congelées et servies, ce qui fait peine, par d'incomparables fulgurances de style. À partir de là, impossible d'ignorer l'indécent vrac de médiocrité et d'indécence qui gisait dans le cœur chic et sec d'un individu que je ne connaissais pas et qui, dans le secret de son âme noire, s'était toujours nommé Morand-le-Petit.

Du temps que j'apprenais par cœur *Parfaite de Saligny* et *Venises*, je ne rêvais que de rencontrer cet homme au plus vite. De lui être présenté dans une circonstance cosmopolite. De génuflexer devant sa puissante expérience de la vie, des artistes, du trans-Europe, des femmes *éduquées* dans les meilleures maisons de plaisir de Macao ou de Genève…

Dans ma tête, la rencontre avait lieu à Trieste, ou dans sa *cathédrale* de l'avenue Charles-Floquet, ou dans sa villa d'exilé au cap Spartel, près de Tanger… Je partageais avec lui un *Moscow Mule* au buffet de la gare de Lyon avant qu'il ne saute dans son wagon, je faisais quelques brasses en sa compagnie dans le détroit de Gibraltar, il me racontait le Proust insomniaque, ses aventures galantes, son éducation impeccable, sa curieusement bien-aimée princesse Soutzo, ses bottiers formés par le génial Cleverley, ses gantiers qui avaient été les fournisseurs de Brummell, les opiomanes mondains, et tant d'autres choses si propices à des fictions terriblement ouvertes la nuit…

Je m'employais même, en prévision de cette conversation d'à travers les âges, à décortiquer les phrases de ce *sprinter* de l'écriture pour y trouver le secret de leur vélocité électrique. Pasticheur, imitateur pathétique, je bannissais des miennes les verbes qui ralentissent le mouvement, éteignent les courts-circuits rhétoriques, empâtent la pensée. J'avais été, dans mon roman *Ce qui plaisait à Blanche*, jusqu'à imaginer une créature équipée de vices semblables à ceux qui tourmentent l'héroïne de *Hécate et ses chiens*... J'injectais des flots d'exotisme dans mes métaphores de débutant. Je cravachais ma prose platement besognée, je la distillais, je la *distylais* – mais en vain, tant la façon-Morand de *jazzer* le français reste unique en son genre.

J'ignorais encore – comment était-ce possible ? – que cet homme ne méritait pas tant d'émois. Décristallisation brutale. L'idéal du moi tel un flacon soudain craquelé. Amas de déceptions. Pour moi, ce fut comme un oiseau foudroyé en plein vol.

Indignation spontanée du fan-club : mais enfin, pourquoi indexer la littérature sur les vilenies d'un grand bourgeois ? Ignorerait-on, depuis Proust bataillant *Contre Sainte-Beuve*, qu'on ne doit pas confondre le *moi* qui écrit et le *moi* qui dîne en ville, intrigue bassement, hait avec frénésie ? Morand n'est pas irréprochable, soit, d'ailleurs peu d'êtres le sont, mais son talent, hein... On ne va tout de même pas recommencer tous les jours le procès Céline, le procès Drieu... La littérature, Monsieur, c'est d'abord des plages d'absolu, des pages définitives, des harmonies, des miracles, des pieds d'appel vers l'extrême vérité...

Tout cela n'est pas faux. Une autre part de moi-même pourrait le comprendre et l'admettre. Sauf qu'à un certain niveau de canaillerie, l'écrivain peut se dissoudre dans le personnage. Et l'œuvre se laisse contaminer, salir, empuantir par la vie. Dès que le Morand d'outre-tombe a surgi, c'en était fini de notre histoire d'amour.

Il est toujours aussi éblouissant – l'ignominie se déguste, même honteusement – mais il est devenu odieux et méchant. Rendant presque nauséeuses les mille grâces ou mignardises de sa prose endiamantée. Avec Céline, on avait de l'idée fixe et du délire à l'état brut. Avec Drieu, c'était du désespoir payé au prix fort. Avec Morand, il n'y a que de la carrière, des honneurs, des bonnes planques, des plans de table, l'Académie. Pas grand-chose.

À chaque page de ce *Journal*, Morand se rapetisse. Ses giclées de bile le défigurent. « Larves juives » par-ci, nazillons par-là, pétainisme de l'âme, haine de soi – « où en êtes-vous avec vous-même ? demande-t-il à Chardonne… Moi, je me sens pourrir… ». *Lamento* insupportable. Indigeste. Le Grand-Écrivain y méprise à peu près tout ce qui est respectable. Pas la peine d'entrer dans les détails. Il suffit de le lire. N'importe où.

Plus question de guetter son fantôme à Venise, à Trieste, au cap Spartel. Et s'il se montre quand même, ce fantôme, je me promets de passer mon chemin – comme si je n'avais rien vu. On ne dira jamais assez tout ce que l'on doit aux écrivains infréquentables. Ils préviennent les maux dont on pourrait mourir. Ce sont des vaccins.

III.

Variations intempestives

Ce bref chapitre est consacré à ma seule personne et à quelques nuances de mon tempérament. Dès lors, rien n'interdit aux lecteurs pressés ou allergiques aux digressions égologiques de l'éviter d'un saut ou d'une gambade. Les plus curieux, les plus indulgents, ne perdront cependant qu'un peu de leur temps en y jetant un œil amusé afin de m'entrevoir, tel que je suis, à travers certaines de mes félicités, de mes doutes, de mes querelles intérieures.

— Il fait si beau ce matin, l'air est si transparent, je sens mon corps si amical et mon esprit si impatient de capturer les idées, les couleurs, les émotions, les vibrations qui flottent magiquement dans l'air et la lumière, et je devine mon moi-ça-surmoi, pour une fois si joyeusement accordé à lui-même et avide de toutes les saveurs qui m'entourent, et si prompt à enregistrer les essaims de sensations réjouissantes qui lui parviennent par les nerfs et la peau, que je résumerai toute ma philosophie d'aujourd'hui et de demain – si le sort s'obstine par miracle à m'accorder ses meilleures faveurs – en seulement huit mots : *il doit être insupportable de ne pas exister.*

— Sur toutes les questions d'importance – immortalité de l'âme, existence-inexistence-disparition de Dieu, utilité-inutilité de l'amour (et de la haine, de la colère, de l'alcool, des drogues, de l'ennui), la nécessité d'une patrie, les vertus et les poisons de la jalousie, l'héroïsme, la divinité du Christ, les mérites comparés des trois monothéismes, la résurrection des corps, l'avenir du Proche-Orient, les avantages du jeûne, le destin de la littérature, la virginité de la Vierge, etc. – j'ai au moins *deux* points de vue qui, en moi, se contredisent et l'emportent tour à tour. Impression d'être le théâtre d'une double juridiction qui se contredit sans cesse. À en devenir fou.

— Je ne hais personne. Non par sagesse, ni par mépris des passions tristes, mais parce que ce sentiment m'est toujours apparu comme une chaîne qui me lie de trop près à la personne éventuellement haïe. C'est, me précise un ami tchèque qui s'y connaît, « un poison qu'on avale en pensant qu'un autre va mourir ». Depuis, dès que je crois haïr quelqu'un, il me semble que je me soude inutilement à lui, comme si nous étions prisonniers d'un même entrelacs d'affects que rien ne pourrait distendre. Impossible de jeter ce quelqu'un par la fenêtre sans prendre le risque d'y être moi-même entraîné. La haine est un lien puissant. Peut-être le plus puissant de tous les liens. Abus dangereux.

— Je m'en veux d'avoir toujours été injuste avec mes vrais ennemis... Ne sont-ils pas les seuls, surtout les plus subtils d'entre eux – ceux qui, en leur tréfonds, aimeraient que je sois à jamais disqualifié –, qui discernent et se hâtent de dénoncer les défauts dont je suis affligé, et que mes amis me pardonnent trop vite ? À ces chers ennemis d'hier et de maintenant, j'aimerais faire savoir qu'ils m'ont été utiles par leur malfaisance même, et que je leur sais gré de m'avoir permis de rester éveillé dans la jungle française alors que j'aurais pu me laisser engluer par les flots d'hypocrisie sociale dont je me suis fait un cortège commode.

— Il est vrai que je me satisfais de la moindre louange, je m'en repais, j'en suis toujours avide et rassuré même lorsque celle-ci émane d'individus médiocres. Dès qu'un imbécile ou un courtisan minuscule m'adresse un compliment, je roucoule et atteins des cimes franchement pathétiques.

— « Plus tu fais semblant d'être un autre, mieux je vois qui tu es », me murmure un collègue qui me connaît bien. Il n'a pas tort. Je ne suis jamais plus lisible que lorsque je me cache derrière une conviction de passage ou une modalité inhabituelle de mon idiosyncrasie. Cette forme involontaire de ma sincérité augmente et se précise avec l'âge. Je me souviens alors qu'à Venise, au temps des bals, on portait des masques *afin d'être identifié*.

— Hier, à la suite de péripéties intimes dont le récit lasserait tout autre que moi, j'ai compris que l'une des plus grandes douleurs morales consiste à être en deuil d'une personne qui existe encore, mais qui existe telle qu'elle est devenue, différente à tous égards de celle qu'elle était. Ce deuil-là ne se confond pas avec la fin d'un amour, ni avec la douleur d'une séparation, ni avec le deuil classique où les *êtres perdus* ne sont plus là, quoique toujours eux-mêmes dans le souvenir qu'on en garde. Je pense au contraire à ce qui, dans la vie, nous ampute parfois d'un être qui, toujours vivant et même encore proche, n'est plus celui que nous avons tant aimé. Qui l'a ainsi changé ? Pourquoi ai-je permis cette métamorphose ? S'est-elle accomplie avec ma lâche complicité ? Serait-ce moi, pour finir, qui ne serais plus celui que j'étais ?

— Il m'a fallu beaucoup de temps et de douloureuses expériences pour m'aviser que l'affaire-amour met en jeu deux composants autonomes, chimiquement purs et contradictoires :

1/ Le fait d'aimer.

2/ Le fait d'être aimé.

Le premier composant exige pour s'accomplir des doses extrêmes d'aveuglement, de spontanéité brûlante, d'inéluctabilité, d'abandon de soi, de désirs, de transports intenses et périlleux.

Le second composant ne réclame en revanche que de la ruse, des émotions sous contrôle, de la simple stratégie, du calcul destiné à parfaire une technique de possession.

L'individu qui accepte d'aimer prend des risques.

Rien, en revanche, ne menace le sanctuaire sentimental de celui qui ne se soucie que d'être aimé et qui, ce faisant, entretient froidement l'attirail des trafics, du semblant, des roueries indispensables à sa manœuvre.

C'est dire que l'affaire-amour, si l'on excepte sa simplification pauvrement romantique, combine deux principes hostiles l'un à l'autre et caractérise deux types humains.

En admettant même que les deux composants cohabitent dans le même élan, seuls leurs dosages respectifs permettront de savoir quelle sorte d'amour, à terme, l'emportera.

Cela explique en partie que, cédant à ce sentiment-bifrons, chacun peut, selon son tempérament, choisir l'illusion-soumission ou l'emprise-domination.

Les individus ne sont pas rares, qui renonceraient volontiers à l'ivresse et aux périls d'une passion sincère si on les assurait qu'ils seront seulement aimés et à l'abri des tourments attachés à des élans de leur propre cœur. Ces individus seront toujours moins meurtris que les partisans des amours du premier genre.

La sagesse recommande d'y céder plus volontiers qu'aux affects symétriques.

Je n'y suis, pour ma part, jamais parvenu. Et il m'a toujours paru plus agréable d'aimer que d'être aimé.

— Je me sens souvent menacé par mes propres tentations lyriques. Dès que personne ne me surveille, ni ne lit par-dessus mon épaule, je sors mes instruments cuivrés, je souffle dans leur anche, je guette la vibration verbale, je flatte le trémolo, j'avance toutes voiles dehors dans ma phrase, dans mes émotions écrites, j'en jouis tout de suite – comme un puceau.

— Depuis peu, contraint par quelque pensée funèbre, j'éprouve le besoin de dresser la liste des tâches qu'il me faut encore accomplir avant l'extinction générale des feux :

1/ Écrire une lettre d'excuse aux êtres encore vivants que j'ai déçus. Leur expliquer que j'aurais aimé m'affranchir de la rage qui m'a si souvent rendu indigne des espérances que certains d'entre eux avaient placées en moi. Nul ne doit douter des efforts que je fais, que j'ai déjà faits, pour me guérir de cette infirmité avant qu'il ne soit trop tard.

2/ Aménager le petit caveau toscan qui doit, le plus tard possible, accueillir ma dépouille – ou mes cendres, puisque je n'ai pas encore choisi les caractéristiques matérielles de mon corps posthume – et celui de ma Bien-Aimée. Y planter au plus vite deux cyprès afin que, le moment venu, ils aient eu le temps de grandir et de procurer une ombre bienfaisante à ce dernier séjour.

3/ Dresser une liste sans cesse actualisée de mes créanciers intellectuels et moraux – ceux qui, sur la distance d'une vie, m'ont donné plus que je ne leur ai rendu – en les classant par ordre d'influence décroissante. Pas question de ressembler au Don Juan de Molière qui quitte la scène sans payer ses dettes.

Placer en tête de mes gratitudes – sans exclure que cela puisse changer – Proust et mon père. Terminer avec le général de Gaulle (qui m'a libéré d'une mauvaise enfance), une femme de chambre portugaise (qui m'a longtemps servi avec amour et dévouement). Au milieu, mes deux ou trois meilleurs amis, le dix-huitième siècle français, quelques paysages méditerranéens, mes enfants, quelques rues de Paris qui m'ont toujours porté bonheur, des professeurs de vie croisés en chemin.

4/ Passer un dernier coup de téléphone aux femmes encore vivantes qui m'ont rendu heureux, dont l'existence entra en composition avec la mienne, et avec lesquelles je suis resté en bons termes. Leur dire que je leur dois beaucoup et que, sans elles, je serais encore très ignorant des mécanismes qui me gouvernent. Leur avouer que je m'interroge souvent sur le tour qu'aurait pris ma vie si j'avais poursuivi l'intrigue qui nous avait liés, fût-ce brièvement.

5/ Essayer d'écrire un dernier livre qui serait dépouillé, innocent, gai, et détaillerait certains aspects de mon existence, mes reconnaissances de dettes, quelques tranches de vie, telles qu'elles furent vraiment. Non que je fasse de la vérité un absolu, ni que je la place par principe au-dessus de l'artifice, mais afin que l'on sache que je n'ai pas été aussi inattentif qu'on le croit aux réalités que j'ai eu tendance à évacuer dans les récits où je les transposais.

— Derrière moi, dans le temps révolu, j'aperçois souvent des esquisses de celui que j'ai failli être, et dont je me suis écarté à la faveur d'une bifurcation de destin. Je regarde par-dessus mon épaule. Je vois le chemin parcouru. Je contemple la longue théorie de mes identités avortées. Je tente de modifier tel ou tel épisode de mon passé. Et je tourbillonne comme un derviche emprisonné dans le vortex d'une seule question : aurais-je été plus heureux si je m'étais installé dans un autre moi-même ?

L'autre voisin

Je me doutais bien que René Char, un jour ou l'autre, me rendrait visite en voisin. Qu'il emprunterait les corridors du temps, comme un souffle ou un pur esprit, afin de revenir rôder autour du petit jardin qu'il apercevait jadis à travers les fenêtres de son appartement. Tel fut incontestablement ce qui advint il y a peu, alors que je venais d'arriver dans mon refuge après une nuit tout envahie de rêves tortueux.

Il s'agissait d'une visite comme il en existe peu car le poète qui *ne-laisse-pas-de-preuves-mais-des-traces* avait choisi d'apparaître en restant invisible. Sa *trace* de ce matin-là n'était qu'une présence fantomatique et offerte au seul regard de l'esprit. Ce procédé, propre aux exfiltrés provisoires du néant, serait difficile à détailler pour tout individu étranger aux zones mentales où raison et perceptions vacillent comme des tremblements d'air sur un tarmac brûlant.

On aurait pourtant tort de douter de ce que j'avance, car le fait est pour moi attesté : Char, invisible quoique présent, allait et venait dans mon refuge, observait mes livres endormis, semblait s'étonner d'y voir quelques ouvrages dont la parution était sans doute postérieure à son décès. Il en déplaça certains, y chercha les siens sur l'étagère où Chamfort et Casanova les avaient alphabétiquement accueillis, et finit par les trouver. Si cette scène avait été aussi réelle qu'elle me parut, j'aurais pu entendre le murmure narcissique et sans âge de l'écrivain tout à sa joie de vérifier qu'il existe encore longtemps après sa mort.

Il avait, pour cette visite, revêtu son habit de maquis, celui du capitaine Alexandre qui jadis n'avait pas ménagé sa mitraille contre l'occupant. Il avait également enfilé, comme un autre costume, l'âge qu'il avait à l'époque où il se désaltérait aux sources de Haute-Provence et tendait à l'ennemi de jubilantes embuscades. Un bel et immense individu soudain ressuscité. Un menhir. Une statue de l'île de Pâques. L'outre-tombe, loin de l'avoir décomposé, s'était contentée de poser sur son visage une impression de douceur et de dépit. Je le vis très distinctement se saisir de son recueil de poésies intitulé *Fureur et mystère*, l'ouvrir, le parcourir avec un sourire amusé, puis le reposer sur mon bureau après avoir corné une page.

À son regard, je compris qu'il m'en voulait de l'avoir jugé avec une sévérité excessive – qui n'a toujours pas disparu de la page 21 de cet ouvrage. Je songeai aussitôt à lui présenter mes excuses quand il me proposa d'un autre regard, plus aimable celui-là, de l'accompagner dans le jardin pour y faire quelques pas en devisant. Or, à l'instant d'accepter, je m'avisai sans en être vraiment surpris qu'il s'était déjà évaporé. Je découvris alors qu'il avait corné la page de son recueil sur un poème particulier, *Allégeance*, que je connaissais par cœur tant il avait joué un rôle important à un moment précis de ma vie. Je relus le poème. Des souvenirs bouleversés, mêlant joies et détresses anciennes, me revinrent comme un ressac qui me rejetait vers un mauvais passé.

Ces souvenirs me parlaient d'une saison lointaine au cours de laquelle une femme aimée et infidèle m'avait précipité dans un désarroi que ce poème en prose avait alors partiellement apaisé. Char le savait-il ? Et s'il le savait, comment avait-il pu l'apprendre ? Les défunts auraient-ils des intuitions plus perfectionnées que les vivants ? Char voulait-il me rappeler que sa poésie *pour fronton* possédait aussi le don de voyance et de consolation ?

Cette *Allégeance* était pour moi indissociable de cet épisode d'autrefois, quand cette femme cruelle avait choisi de me piétiner le cœur et que, de mon côté, j'y avais consenti. C'est pour réparer mon ingratitude que je choisis de reproduire ici ce poème désormais fameux et qui ne manquera pas d'apaiser encore les amants soudain défaits.

> « *Dans les rues de la ville il y a mon amour. Peu importe où il va dans le temps divisé. Il n'est plus mon amour, chacun peut lui parler. Il ne se souvient plus ; qui au juste l'aima ?*
>
> *Il cherche son pareil dans le vœu des regards. L'espace qu'il parcourt est ma fidélité. Il dessine l'espoir et léger l'éconduit. Il est prépondérant sans qu'il y prenne part.*

Je vis au fond de lui comme une épave heureuse. À son insu, ma solitude est son trésor. Dans le grand méridien où s'inscrit son essor, ma liberté le creuse.

Dans les rues de la ville il y a mon amour. Peu importe où il va dans le temps divisé. Il n'est plus mon amour, chacun peut lui parler. Il ne se souvient plus ; qui au juste l'aima et l'éclaire de loin pour qu'il ne tombe pas ? »

Les Vies

Certains jours, mon téléphone vibre ou sonne d'une façon plus impérieuse. Ce n'est pas la sonnerie marcellienne de « la maison vide ». Ni celle des fâcheux de la conversation inutile. Quand l'appareil me sollicite avec ce timbre impatient, je devine aussitôt de qui il s'agit. Et je sais d'instinct que ces trépignements proviennent d'un ailleurs très lointain, peut-être d'un antipode, qu'ils ont enjambé des montagnes et des fuseaux horaires, ricoché sur des satellites, évité des astres, longé des câbles sous-marins dans le sillage des poissons de grand fond ou à travers les tranchées boueuses qui rident certains champs de bataille pour parvenir jusqu'au petit jardin que je surplombe, puis dans mon refuge suspendu entre ciel et terre. Le nom de celui qui m'appelle s'affiche aussitôt : c'est Bernard, l'écrivain, le philosophe, l'envoyé spécial de la plupart des guerres en cours, mon ami très vivant, mon *frère choisi*, l'un des deux vivants de la présente « marqueterie disjointe ».

Ce Bernard, tout le monde le connaît, l'apprécie, le déteste, le lit, croit l'avoir lu, le juge, l'admire, le jalouse, lui en veut de quelque chose, l'adore, le plaint, tandis que pour moi, c'est plus simple : je l'aime de folle amitié et n'ai à son endroit qu'admiration et extrême tendresse. Depuis plus d'un demi-siècle, il défend par l'action et l'écriture une vision du monde qui est aussi la mienne. Son énergie m'oblige. Sa lucidité précède la mienne. Il avance. Je le suis. Nous existons ensemble. Nos vies s'augmentent l'une de l'autre.

Dix fois, cent fois, on m'a conseillé de prendre mes distances avec cet homme trop voyant, trop public, trop télévisuel, trop gâté, trop ceci cela. Mais c'est avec ceux qui me donnaient ce conseil que chaque fois mes distances furent finalement prises. Souvent, ce cher ami m'irrite tant il en rajoute ou bombe le torse, mais cette irritation ne dure jamais. C'est à lui en revanche, à lui surtout, que je dois des moments qui comptent parmi les plus joyeux et les plus nécessaires de ma vie.

Bernard se nomme aussi BHL ou Bernard-Henri Lévy – que je préfère orthographier *Les Vies* puisque, des vies, il en a manifestement plusieurs, et qu'il se plaît à les vivre, chacune, dans un présent extensible alors que ce privilège félin se décline d'ordinaire dans des présents successifs. Il s'agite sans cesse. Il a un faible pour l'ubiquité qui déconcerte les austères immobiles. Il va, vient, publie, proteste, pense, ne tient pas en place, voyage dans deux ou trois avions en même temps, saute sur des tréteaux de toutes nationalités, harangue des foules, s'expose sur la plupart des scènes périlleuses ou mondaines de la planète. Ce remue-ménage, c'est son élément. Il est convaincu qu'il est né pour le chahut et la renommée. Qu'il tient à honneur de défendre les uns, de combattre les autres, fût-ce à travers des malentendus innombrables et les faux-lui-même qui lui font mauvaise réputation. Ses téléphonages bondissent depuis Karachi, Kiev, Jérusalem, Tripoli, Los Angeles. Il y a toujours du brouhaha dans son escorte, des joutes, des menaces, du narcissisme, du courage, du plaisir. Il peut passer beaucoup de temps sur le choix d'une métaphore avant d'enfiler son gilet pare-balles. Il essaie de réparer le vaste monde tandis que, par tempérament, je ne me penche que sur les alentours de mon seul nombril.

Parfois, *Les Vies* est à Paris, et veut savoir si je suis libre à déjeuner. Il n'a rien d'urgent à me dire, mais nos parlages vont gratuitement durer et digresser. Nous allons traiter des petites et précieuses affaires de l'existence. Chacun devra fournir des détails sur ce qu'il a observé parmi des contemporains admirables ou insuffisants. Il veut toujours savoir ce que j'ai appris. Il me détaille en retour ce qu'il a découvert. L'époque est à jamais neuve, dit-il, il suffit d'en prendre acte. Il s'occupe de la réalité en éminent explorateur du dehors tandis que, plus réservé, je me projette plutôt dans la figure ombreuse d'un explorateur des tourbillons du dedans. Les tempéraments, ça ne se discute pas.

En général, celui de ses patronymes que je préfère, c'est Bernard. Que je ne confonds jamais avec BHL, son double, son infidèle sosie de parade qui patrouille si souvent dans des palais ou sous des bombes. Ce sosie, au demeurant, n'a pas que des amis, loin de là, mais Bernard s'en moque. Il veut seulement que la vie, que ses vies, soient une succession ininterrompue de moments intéressants. Il est toujours vêtu de la même façon. Ça simplifie son bagage tout en excitant l'ironie de ceux qui ne comprennent pas. Cette panoplie, c'est sa façon de dire qu'il veut être toujours le même. Que tous les humains rencontrés ont droit à des égards identiques. Il faut rire des demi-habiles qui dosent leur aspect et leur respect selon les circonstances.

Parfois, il m'oublie car mon existence n'entre pas dans ses entreprises du moment. Je suis vexé, pas longtemps, puis je m'arrange pour n'y accorder aucune importance, et en me disant qu'il perd du temps en compagnie de BHL. Depuis que je le connais, il est hanté par la plupart des figures héroïques qui ne sont pas les plus sacrées de mon panthéon personnel. Il admire Malraux dont les feux d'artifice ne m'ont jamais convaincu. Il vénère Byron qui s'enveloppa d'héroïsme et de panache pour oublier qu'il souffrait d'un pied bot. Le destin tumultueux du colonel Lawrence ne lui aurait pas déplu. Comme celui de Chateaubriand dont le grand style me déplaît plus qu'il ne m'enchante tant le vicomte s'en sert pour emballer mille petites choses.

Mais Bernard est ainsi : il aime les héros. Salue toujours la justice et la bonté. Méprise l'argent qu'il possède et distribue. N'ignore jamais que le Mal existe. Sait être attentif et vigilant auprès des humbles. N'a peur de rien. Chérit la gloire tout en refusant de faire le deuil éclatant de son bonheur personnel. C'est un valeureux, un commis voyageur de la démocratie auquel l'époque prête toutes les arrière-pensées dont je le sais dépourvu. Il protège les siens et beaucoup d'autres. Si les médisants le connaissaient comme je le connais, ils l'applaudiraient. Mais il est si visible que personne n'ose vraiment le voir.

Nous nous sommes rencontrés alors que nous abordions l'existence avec la vive intention, lui surtout, d'en découdre, de s'y amuser et d'y faire *bella figura*. Cela se passait à Paris, chez un philosophe gréco-marxiste qui croyait si chaleureusement à la libération du genre humain qu'il n'a pas tardé à se jeter du haut d'une tour proche de la porte d'Orléans. Nous nous sommes jaugés comme deux petits mâles prompts à bondir dans l'arène. Il était plus véloce que moi. J'étais moins impatient que lui. Nous aimions la Grande Vie, les belles femmes, nos pères, nos enfants, l'intensité, le Sud, les bains de mer, l'allégresse qui rend intelligent et bon. Tout le reste s'en est déduit. Il fera mon éloge funèbre si je meurs avant lui.

Le balancier et la flèche

Les Vies me cite souvent les propos d'un talmudiste du temps jadis avec lequel il s'entretient volontiers par-delà le temps. Ce sage, d'humeur enjouée et dansante, lui prodigue quelques-uns de ses meilleurs conseils de félicité dont le plus singulier, traduit en français, ne contient que six mots : « Il est interdit d'être vieux… » Cette injonction plaît à mon ami. Il en a fait son programme de perpétuelle jouvence, sa morale de croisière, son credo d'incroyant toujours avide d'empocher un surcroît d'intensité vitale. Il n'ignore pas que le temps le fera vieillir, comme chacun, mais il sait d'abord qu'il devra rester jeune dans sa vieillesse. Il faut un grand art de vivre pour s'approprier cette sublime, paradoxale et sainte exigence.

J'ai moi-même essayé de ne jamais renoncer à ma part de juvénilité. Et ça a bien fonctionné par séquences. Grâce à d'opportunes et provisoires injections de bonheur, d'oubli, d'amour, de passions diverses, de divertissements farouchement pascaliens. Il m'est même arrivé certains jours, malgré de retentissantes déconvenues, de considérer la joie comme un devoir et de m'y soumettre. De m'administrer les puissants remèdes et l'entrain prescrits par les vrais sages. D'imaginer que je pouvais être à jamais contemporain des plus agréables secondes de mon existence afin de les revivre et de les revivre encore, de telle sorte que le temps en moi ralentirait. Qu'il s'installerait. S'amuserait à osciller comme un balancier plutôt que de filer comme une flèche toujours mortelle.

Dans ces séquences d'illusion, mon corps s'est toujours montré docile. Il s'est conduit en allié loyal, m'a encouragé, laissé croire que je pouvais gagner ma partie d'échecs contre le crépuscule et la dégradation. En échange, j'ai veillé à ne lui refuser ni plaisirs, ni quelque autre fantaisie de désir ou d'hédonisme. Je me disais alors que tout était parfait. Je faisais semblant de croire que ça allait durer selon la méthode *Les Vies* – mais avais-je la trempe et le sang-froid de ceux qui y croient vraiment ?

Apocalypse, etc.

Cioran se méfiait du soleil et de ses fausses promesses. Il allait même, en ses jours de grande fureur, jusqu'à tenir cet astre royal, si prompt à éblouir et à aveugler, pour le premier responsable des trois monothéismes au nom desquels l'humanité s'est joyeusement massacrée au fil des siècles. « Si, au moins, il y avait eu deux soleils, se lamentait-il. Je suis certain qu'il y aurait eu, plutôt qu'un seul Christ, au moins deux fils de Dieu, voire deux Mahomet et quelques Moïse, ce qui aurait élargi la liberté des hommes… » De cette méfiance toute cérébrale, qui chez lui s'était sublimée en pâleur et allergie de peau, il avait tiré tout un éloge de l'ombre, de l'hiver, du retrait qui, le moment venu, se coula naturellement dans sa métaphysique déjà acquise à un clair-obscur généralisé. Mon admirable ami roumain n'avait ainsi conservé dans son programme que les soleils noirs de la mélancolie en excluant la pure lumière des soleils grec et égyptien. Pour un individu aussi naturellement héliodépendant que je l'étais alors, et que je suis encore, cette posture était évidemment irrecevable. J'aimais le soleil et, à mon tour, je me méfiais de ceux qui ne l'aimaient pas.

Telle fut, je crois, la première cause d'éloignement physiologique qui, en bonne médecine nietzschéenne, ne tarda pas à devenir éloignement intellectuel, puis moral. Cioran l'avait compris. Il ne m'en voulait pas, tout en me traitant de païen – ce dont je me réjouissais.

D'où son allégresse, lors de l'une de nos dernières promenades, quand il me révéla avoir découvert dans un ouvrage de bonne vulgarisation scientifique que le soleil, lui aussi, mourrait un jour. Il avait lu, en effet, et vérifié auprès d'un physicien, que le soleil, déjà vieux d'une vingtaine de milliards d'années, n'en avait plus que pour quelques milliards d'années supplémentaires avant de mourir à son tour. « Vous rendez-vous compte, jubilait-il, le soleil, au fond, n'a guère plus d'avenir qu'un homme de quarante ans qui n'ignore rien du temps compté qui lui reste… » Ce constat, certifié par des autorités compétentes, le rassurait. L'apocalypse était rigoureusement imminente. L'humanité n'avait qu'à patienter, même si son salutaire épilogue n'était réservé qu'à une lointaine descendance.

Cette conversation, avec ses variantes, n'entra pas pour rien dans ma vision du monde. De l'hypothèse d'une « mort thermique » de l'univers, je remontais jusqu'à celle de ma propre extinction. J'en concluais que je n'avais rien à redouter du temps qui passe puisque tout, le jour venu, s'abolirait en même temps que mon espèce. Viendra le moment où l'humanité, escortée de tout ce qui l'avait occupée du temps de son existence, se dispersera dans le néant. Il y avait quelque chose de presque rassurant dans cette funeste perspective qui excédait de beaucoup les apocalypses littéraires promises par les textes sacrés, des calendriers mayas à l'épopée de Gilgamesh ou aux foudroyantes prédictions de saint Jean. J'étais rassuré pour l'humanité. Mais perplexe quant à mon propre sort.

N'ayant jamais douté de cette issue collectivement fatale, Cioran était surtout intrigué par le fait que le triomphe du néant abolissait la possibilité même d'être constatée. Ce qui est fini, en effet, doit se perpétuer dans la pensée pour être dit fini. Et, de même qu'il faut déjà être à la Renaissance pour savoir que le Moyen Âge a vécu, de même il faut se tenir des deux côtés de cette « mort thermique » pour pouvoir la constater et la penser. Partant, il aurait fallu être des deux côtés de la fin de l'univers pour dire que c'était bien la fin et cela, par définition, ne pouvait ni ne pourrait être. Cet aspect des choses fascinait Cioran en me laissant indifférent. Je sentais seulement que tout s'achèverait un jour et seule m'importait l'évidence de cette fin de tout pour tous. Les pharaons se faisaient enterrer avec leurs favorites, leurs richesses, leurs armes, leurs courtisans et tous les accessoires de leur splendeur désormais défunte de telle sorte qu'il n'y avait aucune douleur, aucun regret, à s'embarquer sur le vaisseau des morts. J'enviais cette sagesse doublée de privilège. La science, au fond, m'assurait que chacun, à la fin des fins, serait un pharaon. Encore devais-je m'en convaincre.

Les trois coups

Chaque matin, passé les quelques minutes d'extase et de rituel, mon moi-ça-surmoi se pose toujours la même question : comment me préparer à prendre congé du bonheur de vivre ? Et comment guetter sans s'affoler l'épilogue qui sert d'antichambre au néant ? J'interroge mes complices encadrés – qui, tous, me répondent à leur façon. En vérité, ces malheureux sont, malgré leur génie, aussi ignorants que je le suis. Et eux aussi ont dû sentir avec effroi le bruissement des avant-gardes funèbres – crépuscule, fanaison, usure des corps et de l'esprit, déclins de toutes sortes, enthousiasme anémié, sombres pressentiments, aube puis déclin du jour, etc. – qui nous acclimatent au *diminuendo* de toute vie.

Dans mon cas, il y a eu trois alertes. Trois coups secs de grande conséquence. Comme au théâtre. Trois scènes de Vanité semblables à celles que mes ancêtres d'Arnheim ou de La Haye devaient s'offrir à grands frais avant de les suspendre au-dessus du lit dans lequel ils finissaient par rendre leur dernier soupir.

1 – J'ai sept ou huit ans. À cette heure brûlante, chacun dort sous les moustiquaires de la maison coloniale. Je pénètre pieusement dans le bureau de mon père. Odeur mâle de cuirs, de tanin, de lavande. Près de la fenêtre dont le voilage ondule sous le souffle d'un ventilateur, un cartel sans âge où des figurines de cuivre sortent à chaque heure de leurs alvéoles et pointent des arcs vers le cadran où l'on peut lire : *omnes vulnerant, utima necat*. On m'explique bientôt ce que signifient ces mots latins : *toutes blessent, la dernière tue*… Qui est cette dernière ? Une flèche ? Une dernière heure ? Il y a donc une dernière heure dans la vie… Premier contact avec l'idée de la mort. Jusque-là, je croyais que celle-ci était réservée aux poules, aux mouches, aux lapins, aux lézards que je décapitais, aux antilopes que mon père visait cruellement lors de ses expéditions dans le désert. Ce cadran, je le contemplerai souvent. J'essaierai d'y deviner la position des deux aiguilles à l'heure dite. Impossible de regarder une horloge, depuis, sans me souvenir de ce souvenir.

2 – Vingt ans plus tard. Une aube splendide dans une île de Méditerranée. J'ai peu dormi. Je suis heureux. Suspendu au temps qui se glisse dans chacune de mes sensations. Devant moi, un paysage dont la beauté m'éblouit et me terrasse. Au loin, le sourire mobile des vagues marines. Et le soleil qui ne se lasse pas d'émerger de l'horizon et de poursuivre comme chaque jour son destin de Sisyphe enflammé. Des larmes venues du plus profond de moi jaillissent soudain. Je ne connais pas le nom de l'émotion qui m'envahit. Mais je comprends à mesure que le jour se lève. Je comprends, oui, que ce qui me bouleverse, c'est que ce

paysage sera encore ce qu'il est quand moi je ne serai plus là pour le contempler. Et je comprends que ce même paysage, quelque part dans l'avenir, ne se souviendra même pas du regard que j'ai posé sur lui. Seconde expérience de ma finitude. Je découvre tardivement que la nature et le monde dureront plus longtemps que moi. Jusqu'à cet instant, jusqu'à cette aube, je savais ce que je venais de découvrir, mais ma part la plus sensible, celle qui me dissimule les choses décisives, voulait ignorer que je le savais.

3 – Le temps passe. Beaucoup de temps. J'obéis au talmudiste et je m'efforce de rester jeune en vieillissant – mais c'est un combat de chaque heure et perdu d'avance. Il m'arrive encore de vouloir plaire, surtout quand je rencontre une beauté de premier ordre. Celle-ci est jeune, ses yeux sont d'eau pure, sa blondeur parfaite m'émeut, son intelligence semble taillée dans un cristal qui dissèque, juge, tranche. Elle a vite saisi mon manège, sourit, me dit d'une voix implacable : « Tu ne me déplais pas, loin de là, mais sais-tu au moins que si la vie était une journée, tu serais déjà en fin d'après-midi ? » Le constat est sans appel. Et ces mots crépitent sur ma peau. Ils me blessent et bousculent silencieusement mes arrière-pensées de séducteur *au-delà de la limite*. Cette jeune fille semblait sortir d'une nouvelle d'Arthur Schnitzler dans laquelle l'héroïne provoque une terrible crise chez l'homme qui tente de lui faire du charme, parce qu'elle vient de l'asperger de poudre de riz avec le toupet de son poudrier en lui déclarant : « Poussière, tu redeviendras poussière… » Dans la nouvelle, cette scène, par son mélange de frivolité et d'absolu,

m'avait paru trop facilement métaphysique. Dans la réalité, elle me foudroie. Cette jeune fille me tendait un miroir couleur de temps. Déjà la fin de l'après-midi ? Juste avant le crépuscule ? Peu avant la nuit…

Le sablier

Je pourrais décrire très précisément la cérémonie de mon incinération – puisque je viens de décider que cela sera. Le plus tard possible. Mais cela sera. Pas de tristesse. Aucune musique. Quelques discours. Le ronflement des flammes qui dévorent le bois. Ma descendance est là avec sa gratitude et ses regrets. Mes chers complices ont peut-être quitté leur Mur Sacré pour la circonstance. Des amis sont émus, quelques belles femmes s'abritent derrière des lunettes noires toujours embellisseuses et se jettent l'une à l'autre des regards d'anciennes rivales. On note aussi la présence de deux ou trois représentants de la culture française attirés par les brèves notices nécrologiques parues dans les magazines spécialisés.

Le paquet de poussière que je serai devenu sera confié à ma Bien-Aimée. Selon mes instructions, elle le versera dans un grand sablier que je possède déjà et dont elle connaît l'existence. Ainsi, il suffira de renverser les deux globes de cet objet pour que, même défunt, je continue, à travers cette poudre de moi-même, d'être mêlé au temps, quand bien même celui-ci m'aura signifié qu'il ne s'intéressait plus à moi.

Cette fantaisie macabre, dès que je l'anticipe, me redonne immanquablement un peu d'entrain. Puis, la cervelle en ébullition, je finis par aller me promener dans les jardins du musée Rodin. Un soleil pâle y caresse chaque jour des pierres roses et mauves. Un monde invulnérable se tient là, dans le marbre des statues.

En entrant dans le jardin du musée j'aperçois chaque fois la *Porte de l'Enfer*. Elle est immense et noire. Avec en motifs, des bas-reliefs aux incrustations inquiétantes. Partout, des fourches, des potences, des supplices. Tout forme là une sarabande de bronze tournée vers l'au-delà et l'en deçà. Je n'ai pas peur. Ma Bien-Aimée me manque. Elle est en Toscane depuis quelques semaines. Cette femme a toujours su me devancer. Maintenant, je dois la rejoindre.

D'un refuge l'autre

Urgence, aéroport, avion. J'atterris à Florence sous un soleil déjà déclinant. Le taxi longe une route bordée de genêts avant de s'engager sur un chemin de terre, entre deux rangées d'eucalyptus qui s'écartent devant moi comme les flots d'une mer rougie par l'automne.

Ma Bien-Aimée m'attend devant le mur ocre d'une maison plantée sur une haute colline dominant le Val d'Orcia. Vers l'ouest, Pienza et ses gracieux péristyles. Vers l'est, des champs de lin et de luzerne qui se laissent caresser par le vent du soir. Au loin, un moutonnement opulent de vignes, d'oliviers, de tournesols. Une biche me regarde avec étonnement avant de disparaître derrière un buisson. Elle faisait partie, je la reconnais, du jury qui voulait faire de moi un coiffeur de cyprès. Dans le ciel incendié, passent quelques nuages rapides, comme déchirés par une main en colère. Le chauffeur de taxi donne un brusque coup de volant pour éviter un hérisson. Je le félicite chaleureusement.

Ce paysage, cet ensemble de sensations, ce vent du soir ont chimiquement précipité un accord idéal entre mon esprit et ma peau. Tout est évident. Je suis soudain invulnérable puisque je viens d'atteindre le degré le plus haut de ma félicité en ce monde. On me prie seulement de m'abandonner aux pures sensations qui m'accueillent. *Amor fati*.

Dans ma tête, les genêts, la biche, le mur d'ocre, les parfums de menthe et de romarin, ont composé un ensemble de petites perceptions qui me parviennent comme un message. On me fait savoir que cette félicité est possible et disponible pour moi. Qu'il suffit de tendre l'oreille et la main. D'apprendre à ne plus craindre. Ce paysage me donnait l'avant-goût d'un bonheur parfait et je devais l'en remercier. Lui rendre grâce. Ravaler mes larmes qui auraient pu jaillir, comme jadis devant le paysage de l'île en Méditerranée. Ce miracle peut-il durer ? Je dois faire place nette à la joie qui en ce lieu m'attend depuis toujours.

D'un refuge l'autre.

Ne rien faire sans gaieté.

Je me retournerai souvent.

Cet ouvrage a été achevé d'imprimer sur Roto-Page
par l'Imprimerie Floch à Mayenne en mars 2025
pour le compte des éditions Grasset
61, rue des Saints-Pères, 75006 Paris
info@grasset.fr

Mise en page
PCA 44400 Rezé

PAPIER CERTIFIÉ

Grasset s'engage pour
l'environnement en réduisant
l'empreinte carbone de ses livres.
Celle de cet exemplaire est de :
450 g éq. CO_2
Rendez-vous sur
www.grasset-durable.fr

N° d'édition : 23598 – N° d'impression : 106769
Première édition, dépôt légal : mars 2025
Nouveau tirage, dépôt légal : mars 2025
Imprimé en France